融入艺术的跨学科课程设计

[美]丽莎·多诺万（Lisa Donovan）
[美]路易斯·帕斯卡尔（Louise Pascale） 著
陆香 译

INTEGRATING THE ARTS ACROSS THE CURRICULUM

中国青年出版社

图书在版编目(CIP)数据

融入艺术的跨学科课程设计 /(美)丽莎·多诺万,(美)路易斯·帕斯卡尔著;陆香译.
—北京:中国青年出版社,2024. 5
书名原文:Integrating the Arts Across the Curriculum
ISBN 978-7-5153-7279-2

Ⅰ. ①融… Ⅱ. ①丽… ②路… ③陆… Ⅲ. ①课堂教学—教学法 Ⅳ. ①G424.21

中国国家版本馆CIP数据核字(2024)第080994号

融入艺术的跨学科课程设计

作　　者:[美]丽莎·多诺万　路易斯·帕斯卡尔
译　　者:陆　香
责任编辑:高　凡
文字编辑:步欣旻
美术编辑:张　艳
出　　版:中国青年出版社
发　　行:北京中青文文化传媒有限公司
电　　话:010-65511272 / 65516873
公司网址:www.cyb.com.cn
购书网址:zqwts.tmall.com
印　　刷:大厂回族自治县益利印刷有限公司
版　　次:2024年5月第1版
印　　次:2024年5月第1次印刷
开　　本:787mm × 1092mm　1/16
字　　数:100千字
印　　张:13.5
京权图字:01-2022-6154
书　　号:ISBN 978-7-5153-7279-2
定　　价:59.90元

目录

作者简介

丽莎·多诺万博士

麻省文理学院（Massachusetts College of Liberal Arts）美术与表演系教授。曾担任莱斯利大学（Lesley University）创意艺术系主任，拥有波士顿大学（Boston University）传播学硕士学位和莱斯利大学博士学位。丽莎·多诺万发表了多篇关于艺术融合、乡村艺术教育、艺术教育评价的文章，是2021年“艾琳·巴克艺术教育服务奖”（Irene Buck Service to Arts Education Award）获得者。

路易斯·帕斯卡尔博士

莱斯利大学名誉教授。其研究主要集中于艺术融合领域，尤其是音乐对儿童教育、文化参考、社区建设的影响。

序言

在教学过程中，我们总被要求做到“更好”，教学实践要高效，测试成绩要优异，行为举止要得体。虽然不断追求更好可以带来创新成果，但也可能使我们疲惫不堪。

我曾是音乐教育工作者、课程教研员、艺术教育家，也是艺术教育STEAM[1]研究中心的创始人，看到了20多年来我们在艺术教育方面取得的进步。一些进步让我们成了更好的教师，更好的人。我们借助全方位课程设计、文化响应教学法（Culturally Responsive Teaching）、社交与情感学习课程，给学生带来了有意义的学习体验。然而，一些进步也给我们的工作带来了更多挑战。我们过于关注总结性测验的成绩，过多地依赖预课程。教师以往会自主设计课程资源，而现在更倾向于使用现成的课程资源，这对教育工作者进行自主教学和差异教学以满足学生多样化需求来说是一个挑战。

但前景也是可期的。几十年来，艺术教育法已成为教育体系的一部分。相关研究和实践经验证明，将艺术融入标准课程体系能带来显著的积极效果。显而易见，艺术教育对学生学习、学生行为、社会情感需求以及教师效能都有积极影响。然而，人们仍对艺术教育法存在误解及担忧，认

[1] STEAM代表科学（Science）、技术（Technology）、工程（Engineering）、艺术（Arts）和数学（Mathematics）。——编者注（本书注释若无特殊标注均为编者注）

为其太耗费时间，并且艺术教育专业师资不足。运用艺术教育法也就成了教师们在本就繁冗的工作之余惦记的“还有件事儿”。

这就是丽莎·多诺万（Lisa Donovan）和路易斯·帕斯卡尔（Louise Pascale）的书成为21世纪教育工作者必读之作的原因。若教育工作者想运用艺术教育策略及方法，本书是一个不错的选择——它提供了一种轻松且实用的思路。即使你不是艺术家，通过阅读此书，你也能学会运用所有提到的教学策略。多诺万和帕斯卡尔首先对艺术教育进行了实践调查，并且强调了如何将艺术真正自然地融入课程。他们强调“为艺术而艺术”的观念、提升艺术素养与艺术教育之间的联系，并解释了为什么三者都是孩子学习经验的重要组成部分。当今的学校教育面临诸多困境，教育工作者在应试教育的压力下身心俱疲，因此他们想用艺术教育法打开思路，促进学生的全面发展。

该教学书最大的亮点在于透过艺术教育视角，对文化响应教学法、全方位课程设计、社交与情感学习以及本世纪教学的必备技能进行了探讨。多诺万和帕斯卡尔将以上教学理念融合到一起，对教育工作者而言意义甚大。此书提供了教学策略和课堂案例，将理论和实践相结合，促进公平教学，而这正是传统教育体系所欠缺的。

本书还提供了许多艺术教育策略以及范例，涉及诗歌、音乐、故事、戏剧、视觉艺术和创意形体6个领域。本书整合了多种艺术形式，有助于读者理解并实践。考虑到有些教育工作者可能不习惯某种艺术形式，想进行些新的尝试，本书也为其提供了思路。我从事艺术教育教学已10年有余了，很高兴地看到本书提出了些新的理念。此外，本书作者也请读者不要用线性方法将本书（以及系列策略书）从头读到尾，而是更多地将其看作一个艺术过程。把它当作一个调色板，你可以发挥想象进行调色，最后绘制成你独特的课程设计。

本书与仅关注教学方法的教学书不同，它还关注了如何解决艺术教育实践过程中的具体问题，涉及教学计划、教学评价、课程标准制定等环节，并为教育工作者解决相关问题提供了资源。同样，本书也提供了范例，介绍了一些成功的教育工作者在课堂中运用的艺术教育策略。这将有助于本书从理论层面转换为实践资源，并且可以多次运用到课堂之中。

艺术教育能够让每位孩子随时释放自己的创造力，而本书会帮助你将艺术融入课堂教学。

苏珊·莱利（Susan Riley）

艺术教育STEAM研究中心创始人兼总裁

前言

本书来源于教师艺术教育实践的过程，于2012年首次出版。教育工作者深知艺术教育的重要性，并渴望创新课堂，让学生学起来更轻松、更有意义。然而对教师来说，这还称不上挑战，最大的挑战是如何在完成必要教学任务的前提下创新课堂。本书部分章节对此进行了详细的探讨。

本书的灵感源于同我们一起工作的教师。阅读本书，可以倾听他们的声音，感受他们的创意。我们认为，各种艺术形式和学科教学相融合并逐渐成为教学的主要手段，这样有助于激发学生的创新活力、培养其好奇心和辩证思维能力，引导其思考生活的意义。

多年来，我们一直向全国各地的教师推广艺术教育。我们很快注意到艺术的无穷力量，它不仅改变了学生的学习方式，还改变了教师对于教学的认识。教师积极反馈道，学生学得比以往任何时候都主动、投入，即便是之前那些最棘手的学生也是如此。

本书首先研究了6种艺术形式，分别是故事、戏剧、诗歌、音乐、视觉艺术和创意形体。在这几章中，我们介绍了每种艺术形式的基本要素，并且进行了深入的探索和总结。之后，我们还列举了将艺术融入K-12[1]课程体系的范例，并提出了有关艺术教育如何加强文化响应式教学和社会情

---

[1] K-12教育是美国基础教育的统称。

感学习的建议，可适用于任何情境。在这些章节中，我们可以看到教师们成功地将艺术融入了课堂。本书的最后一章则详细讲述了如何结合艺术手段和评价工具设计单元教学计划。

我们很高兴为您提供《融入艺术的跨学科课程设计》（*Integrating the Arts Across the Curriculum*）这本书。自本书出版以来，世界经历种种变局，教育发展日新月异，所以顺应时势、与时俱进格外重要。你可能想知道本书有什么特别之处。本书更新了资源，汇集了多种观点。本书重点关注了以下问题：

- 艺术在学生社会情感健康中的作用
- 教学过程中对文化响应教学法的需求
- 艺术教育和通用教学设计之间的关系

除此之外，本书还包括以下内容：

- 新的教学策略和详细的课堂案例
- 新的评价视角，覆盖所有学生
- 最新的参考文献和推荐资源

希望本书能够给予你启发！

导言

艺术教育：连锁反应

将艺术融入课堂会产生什么样的效果？艺术教育会给教师、学生、课堂、课程、学习和学校带来什么影响？艺术教育如何践行文化响应教学法和全方位课程设计？又如何提倡多样化教学方法、促进社交与情感学习？本书的撰写就是为了探索这些问题，并深入探讨理论与实践对于艺术教育的意义。

一块鹅卵石落入一池平静的湖水，水花微微波动，之后涟漪慢慢浮现，圈圈涟漪不断向外泛起。很明显，这个最初看似简单的事情——石头掉落——所带来的影响远不止于此。表面上是泛起的圈圈涟漪，背后却是一系列连锁反应。

莱斯利大学曾开展艺术教育硕士项目（ITA），参与该项目的教师需要完成一项任务，即借助隐喻来说明艺术教育的影响。这些教师要做的就是向大家展示，**当艺术作为一种学习和评估手段融入课程中时会发生什么**。

在两年的时间里，教师和学生一起体验了艺术课堂，他们分成小组，讨论如何通过隐喻来展示艺术的力量并提出创新性方案。一组认为艺术具有变革性，就像酵母让面团发酵，或者黑白照片变成彩色照片，换言之，艺术能带来惊人的变化。另一组则认为艺术就像去花园漫步或去陌生的地方旅行。这些方案新颖、独特且意义非凡，每个方案都说明了艺术如何深入影响并改变事物，又如何让各种视角得到尊重，各种声音得到倾听。

某小组决定用连锁反应来揭示艺术的力量。为此，他们做了一项实验，首先将水池灌满水，然后把大约20个软木塞扔到水池中央，软木塞在水池里来回浮动，彼此之间没有任何特定的方向或联系。他们静静站在池边，看着软木塞毫无章节地、散乱地漂浮在水面上。接着，有人朝水池中央扔了块石头，一切都不一样了。

石头瞬间打破水面，扰乱了平静的池水以及四处漂浮的软木塞。泛起的涟漪不断向外扩散，一圈又一圈。

此时，我们惊叹不已，这些软木塞不再漫无目的地漂浮，而是有规律地同时移动、相互连接、形成图案。显而易见，石头掉落所带来的影响并不会立竿见影，却比我们表面上所看到的要深远得多。当我们继续观察这些涟漪时，连锁反应和艺术教育之间的联系就变得愈加明显、愈加密切。

什么是艺术教育？

> 艺术教育即通过艺术探究课程内容。在这个过程中，艺术为课程内容以及艺术形式本身提供了一个严谨探究、真实再现、有效表达和自我反思的途径。
>
> ——吉恩·迪亚兹（Gene Diaz）、丽莎·多诺万、路易斯·帕斯卡尔

对许多教育工作者来说，尽管把艺术融入教育的想法很吸引人，但要“适应”每种艺术形式绝非易事。“我做不到”“我不是艺术家，我不会画画。求你了，别让我唱歌！”这样的回答司空见惯。

艺术教育并不是要培养专业的艺术家，而是为了促进学习，同时帮助

能力、种族和语言背景不尽相同的学生。艺术教育教给学生多种学习方式，而不仅仅只有阅读和写作这两种技能。

关于艺术教育有个常见的误解，即如果把艺术和教育融合起来，就可能不会再有艺术家和音乐家。事实远非如此，因为艺术教育既需要艺术家也需要音乐家！艺术教育者专注于教授特定的艺术技能和元素。在课堂上，艺术是改进核心课程、深化和评估学习的工具。若艺术与教育融合在一起，学习方式就会变得多种多样，每个学生都能在不同的领域取得成就。

一直以来，著名的教育者，如乔纳森·考泽尔（Jonathan Kozol）、德博拉·梅耶尔（Deborah Meier）、内尔·诺丁斯（Nel Noddings）、琳达·达林–哈蒙德（Linda Darling-Hammond）、玛克辛·格林（Maxine Greene）、肯·罗宾逊（Ken Robinson）、艾略特·艾斯纳（Elliott Eisner）等人，都表示有必要进行教育体制改革，**把学生培养成创造者、求真者和共情者**。约翰·杜威（John Dewey）认为，问题在于“我们在塑造主流思想时缺乏想象力。因为我们害怕猜想，重复着大量单一的理论工作，而忘记了这些理论知识只是数据……它们意义残缺，只有经过润色才能成为完整的思想，这项工作靠自由想象才能完成，否则这些理论就将支离破碎”。

艺术为这些问题提供了解决方法，即提升学生的学习参与度，开发可以培养学生好奇心的课程，让学生在课程中既能开发自身创造力，又能掌握必需的社会技能，如创新能力、协作能力、批判性思维和沟通能力。就像上述实验中的软木塞，无论将其视为课程内容、课堂教学，抑或是学习者自身，它们都不再漫无目的、孤立无援，而是相互联系、相互影响。

深度学习往往发生于这些场景，比如，学生在学习细胞或分子时，通过动作练习把自己“变成”分子，从而将理解内化；学生通过写诗来表达自己是谁、在做什么，想象自己是肺或血细胞；或者学生通过创意形体将“蜕变”这个词的含义情景化。**深度学习远远超出了“标准答案”的范畴。有意义的学习是彼此相通的。学生们确实正在掌握21世纪应具备的能力——创造力、批判性思维能力、沟通与合作能力——这些都是高阶思维的必备能力。**

正如希尔弗斯坦（Silverstein）和莱恩（Layne）所说，“艺术教育为学生提供了多种方式来理解他们所学的东西（构建理解），并让学习可视化（展示理解）。艺术教育除了帮助学生学习和记忆，还能激励学生利用自身所学深化理解”。

艺术并非例外

一位2年级教师深谙艺术可以有效促进学习，但编排课程的时候她仍提到艺术难有容身之地。她说：“现在我们使用的仍是最基础的预课程，在这种课程中，我们必须按照规定亦步亦趋地讲述特定的故事。无论是在行为上还是在思维上，几乎都没有自由也没有时间去摆脱这个限定框架。我们在同一时间、用同样的方式上着同一堂课，没有机会去激活或发挥想象力，学生如此，教师也是如此。”

不仅是这位教师，美国各地的教育工作者普遍面临如此困境。但是，如果真的想让孩子们学有所获，我们必须拓展目前的教学方法，让它能迎合不同学生的需要，毕竟他们才是课堂的主角。但这并不意味着把艺术生硬地纳入课程中，**我们要让艺术自然而然地融入课程，与课程内容的呈现与评估合为一体。我们必须意识到，艺术让学习变得意义非凡，是学习之**

基石、学习之支柱。

乔纳森・考泽尔（Jonathan Kozol）担心如果让教师也投身于艺术并发挥想象性创造力的话，他们恐怕会遭到谴责。考泽尔说：“教师们拿到的预课程就是让孩子们保持在一条绝对水平的直线上，直线的终点就是令人闻风丧胆的考试。在这条直线上，如果有学生给出了与标准答案不符的回答，或者提出了课程计划之外但更好的问题，他们将不会得到反馈，因为教师根本没空关注这些意料之外的情况。”

艺术在人类学习的过程中发挥着重要作用，在多种不同的环境下，艺术成了教育的基石。在这个各色文化百花齐放的社会中，我们的年龄和性别不同，且来自不同的阶层和民族，习惯使用不同的学习方式，身心发展程度也有所差异。但文化响应教育法能超越一切，让我们从多角度了解这些差异，承认差异并悦纳差异。在教学过程中，务必要鼓励大家接受差异，务必要让学生们意识到差异化社会的魅力以及挑战。“学习从多种角度看问题可以帮助年轻人建立沟通的桥梁，倾听不同的声音，激发他们改变世界的责任心。”

通过艺术教育，学生们能用多种方式体验科学家和数学家们所说的表征流畅（representational fluency）。**这一概念源于科学和数学这两门学科，指用不同的象征系统阐述事物的能力。表征流畅包括用抽象的方式对事物进行形象化和概念化的转换……把身体感知数据转换成象征性表达，反之亦然。**艺术教育可以让学生游刃有余地运用多种表达方式。想要创作一件艺术品，学生必须把自己对内容的理解转换成一种新的形式，如果理解有失，则不能转换成功。要想在各语言系统和象征体系间穿梭自如，寻求新的表达方式，学生必须掌握更高阶的批判性思维技巧。例如，分析与评估就是十分有效的艺术创作技巧。创作诗歌时，学生们会以崭新的方式遣词造句，文字在笔下变得生动鲜活，生发出新含义。创作戏剧时，学生们从人物、情景等多种角度进行探索。视觉艺术借助隐喻的力量，以一种区别于文字阐述的方式，归纳出概念的本质。学生结合自己的独到见解、生活经验，以一种全新的方式去诠释信息，为自己发声，传递内心所想。

研究表明，艺术不仅仅是学校用来装点门面的东西，如果能与课程有机结合，将对学习重难点内容大有裨益。福特公司（Ford）曾赞助过一项研究——艺术之声：教师视角下对课堂艺术融合度的调查。在该研究中，研究者询问了教师艺术教育对课堂有什么帮助，他们得到的回答如下：

- 引导学生进行深度思考，提升课堂参与度
- 提供多种评估及表达策略
- 唤起文化共鸣，把学习与生活相结合
- 激发学生的创造力、创新力和想象力
- 改变学生对传统教学的看法

为什么要推行艺术教育？

- 艺术适用于多种学习风格，不受文化及语言差异的影响，能够满足每一位学生的需求
- 学习艺术能提高学生的分析能力以及批判性思维能力，艺术也能激励学习、评估学习成果
- 艺术教育能贡献多种思维角度，提高家长以及社会在学习过程中的参与度，鼓励教师质疑预课程体系，推进教育改革，从而满足每一位学生的需求，消除差异带来的困扰
- 艺术教育鼓励学生进行多维思考和多语言学习，让课堂更加民主

课堂案例

凯蒂·帕尔默（Katie Palmer）是一位5年级教师，来自美国爱达荷州科达伦小镇。她说："去年我们班进行了一场测试，内容是关于植物和动物细胞的。全班63个人，只有20位同学获得了A等级。今年，我在科学单元中加入了音乐和诗歌的元素，结果有40位同学都获得了A等级，真是多亏了这些艺术元素。"

艺术教育与21世纪必备技能

为人生做好准备需要学生在高中毕业后就具备应对困难、实现目标的勇气与毅力。要获得这种精神，学生需要自主学习相关技能，包括自我认知、自我管理、社会认知、独立抉择和处理社会关系。已经做好准备的学生往往拥有成熟的心智，而这种心智能让他们在拥抱未来时保持乐观自信，敢于做梦，最终取得非凡的成就。

——美国学校管理者协会

教育工作者和学校依然面临着艰巨的挑战。除了目前已有的压力，如提高考试分数、降低辍学率、提高认知能力、减少违纪现象、实现差异化教学，我们还要关心另一个问题，即在全球经济创新发展的情境之下，怎样教学生们做好准备，干出一番成绩。

大多数教育工作者都认为成功是有迹可循的。以下技能或许可以引领人们走向成功：

- 成功者必须具备批判性思维和创造性思维能力
- 成功者必须具备组织能力
- 成功者必须具备与他人友好合作的能力
- 成功者需自信、自勉、自律
- 成功者需掌握并运用数学、科学及技术
- 成功者需成为高效沟通者
- 成功者需接纳并欣赏文化多样性

实践已经证明，艺术教育可以帮助学生学会这些重要技能。艺术教育能够构建一个强大的平台，供学生们进行深度学习和有效学习。**在融入了艺术教育的课堂上，学生不只是在获取知识，他们还体验了知识习得的过程，并且能够运用知识。观察、记录、组织、合作、规划、实践、反思、预测、试验、沟通，这些都是生活和工作中的重要技能，通过艺术教育，它们都能得以提升。这就是我们未来所需的深度学习。“健康的体魄、幸福的生活、成功的事业、自觉的公民意识，以及在多元社会中找到自我并实现自我，都要依靠这些技能。”**

艺术教育与文化响应教学法

艺术是打造开放的、包容的课堂的关键。借助音乐、舞蹈、戏剧、媒体艺术、视觉艺术等多种艺术形式，学生们便能以多样化的手段表达自我、理解课程主要内容、认识周围世界。艺术教育为孩子们打开了一扇门，引领他们进入一方新天地。在这里，他们能交流观点，展现自己的与众不同之处，为团体做出贡献。包容的课堂应该包括语言、图像、故事，以及能够反映多样性、反映不同文化观念的内容，让曾经蒙尘的文化再次被看见。

——丽莎·多诺万、萨拉·安德伯（Sarah Anderberg）

在当今的课堂中，学生们都有着不同的文化背景、不同的人生经历、不同的兴趣爱好。面对这样的情况，教育工作者们必须创造一种能够认可、回应并鼓励个体独特性的课堂文化，平等地对待每一位学生。

文化响应教学法将文化包容性贯穿于教学的各个层面。它要求教师使用多种教学材料、策略及方法，从文化层面上回应、理解、包容每一位学生。文化响应教学法能帮助教师创造一个开放包容的课堂，让丰富多样的文化得以绽放。

实现文化响应教学的方法有很多，比如在教学中采用多样化的教学材料及教学方式。这样一来，学生在学习的过程中就能产生共鸣，同时又能学习其他文化。让学习内容“**既成了镜子又成了窗子：对着镜子看到大千世界中的另一个自己，因此我们不会感到孤单；透过窗子看到除我以外的其他人，领略别样的魅力**”。

从本质上讲，艺术与文化和表达密切相关。艺术一旦融入教学过程，学生的创造性思维能力、分析性思维能力、观察能力马上就提高了。他们的参与度更高，学习也就更加投入。每个学生都是与众不同的个体，都有自己的价值。艺术创造了以学生为中心的课堂，学生乐在其中、逍遥自在。他们为自己的语言文化、个人经历和家庭传统感到自豪，若得到认可，他们的文化身份意识和自我认同意识就得以加强。

本书的每一章节都会强调艺术教育策略的重要性。在课堂中运用这些策略有助于激发孩子们的先验知识，有助于构建和谐融洽的师生关系、同学关系，并带来更为沉浸的课堂体验。

通过艺术进行通用教学设计和差异化教学

> 因为学生们在性别、能力、人生阅历和社会经济背景等方面各不相同，所以课堂也应该是差异化的。针对统计的“平均值”进行的教学，其结果往往不尽如人意，因为根本不存在“平均”的学生，到头来就是谁也没教成。但是，如果我们意识到差异并且使用通用教学设计和差异化教学方法，那么所有学生都能受益。
>
> ——琳恩·朗费罗（Leanne Longfellow）

通用教学设计和差异化教学有相同之处，也有不同之处。教师有必要去分辨和了解这些异同为什么存在，又如何产生，这将对他们设计课程有所启发，也决定着学生该如何学习这门课程。

通用教学设计和差异化教学的定义是：

> 通用教学设计具有十分深刻的意义，它注重教学过程的包容性，旨在让每一位学生（尽管学生之间的需求和能力有所差异）都能充分参与到课堂的方方面面。这种教学方法提倡自我监督和自主学习。通用教学设计可以让教师摆脱一板一眼的课程设计，以多样化的教学方法提高课堂趣味性（呈现），用多种方式打造参与式课堂（参与）、为学生提供表达自我的机会。差异化教学法旨在解决学生在学习意愿、学习兴趣和学习层次方面的问题。在差异化教学中，教师会依据每一位学生的需求调整教学内容和

教学进程，通过特定活动提升学习效果。

——新西兰教育部

这两种教学方法是相互联系的，它们有以下共同点：

- 满足个体需求
- 让每个学生都能接受平等的优质教育
- 提倡高参与度的学习环境
- 提供多种学习知识技能的方式和展示平台
- 在学习过程中对学生学习情况进行评价并做出适当调整
- 提倡独立学习

——新西兰教育部

艺术教育如何运用通用教学设计和差异化教学？

事实证明，艺术教育有一种独特的能力：它能让在传统教育中落后的学生跟上步伐。课堂一旦融入了艺术，教师就很容易实现教学目标，确保所有学生都能取得理想的学习成果。艺术能发散出多种学习方法，它本身也包含多种模态，因此，学生能通过艺术畅所欲言。例如，动觉型学习在创造性活动、戏剧创作和故事讲述中是不可或缺的。视觉型学习不仅存在于视觉艺术中，它还包括讲故事时的肢体语言和戏剧表演中的静态画面。听觉型学习不仅用于音乐中，还能用于故事讲述、戏剧表演和诗歌创作。

艺术教育的课堂提倡开放式作业，课堂活动是根据学生的兴趣展开的，节奏由他们自己定，内容由他们自己选。例如，课堂中教师可以给学生们发一些制作材料，让他们做一件艺术品，至于选什么材料就让他们自己思考。这一过程可以调动学生的批判性思维能力，同时也能给他们创造自己做决定的机会。让英语学习者去创作一首科学之歌就是一项开放性的任务，不仅能扩充学生的词汇量，还能帮助学生理解学习内容。

要想让通用教学设计和差异化教学惠及每一位学生，教师需要不断地去评估学生的学习状况，并且要根据评估结果对教学方式做出适当的调整。艺术教育能让学生在学习的各个阶段用灵活的方式展示所学。例如，如果在章节学习的一开始学生就能用即兴表演的方式把一些数学知识演绎出来，这就证明他们事先已经做了预习，那么教师就能根据学生的表演来制订教学计划以满足学生的需求。在每一章节的学习过程中，即兴表演就是形成性评价的一种表现形式，不仅能反映学生学到了什么，还能暴露他们理解中的不足之处。依据评价结果，教师就能根据学生的需求改进教学方案。章节末的即兴表演可以被看作一种总结性评价，展示学生在这个章节学习的所有内容。

艺术为学生提供了多样的和开放的方式展现学习成果。写文章或试卷时，学生除了书写特定的内容，还可以使用多种语言和符号。课堂上学生可以运用视觉艺术，如2D、3D、线条、色彩、纹理、形状等各式各样的元素。他们还可以通过声音、乐器或者掌声来展示所学知识，自如地调动音乐中的音高、音色、韵律和旋律。每一位学生的作品都是独一无二的。虽然通过做题、列清单、教师反馈也能检查学生的学习情况，但艺术能提供更加丰富多彩的方式。

课堂案例

小学教师桑尼·卡巴雷罗（Sunie Caballero）说："我从小就在这所学校上学，现在又在这教了9年书，我已经开始感到厌倦了……我觉得自己像个阅读机器，每天我都要辛辛苦苦花90分钟的时间指导孩子们读书，如果有孩子读得没达到要求，我还要再花30—90分钟的时间给他们补习。熬过了阅读课，接下来的90分钟又是满满当当，数学课、科学课、社会研究课、写作课……我也尝试着让课堂更有创造性、更丰富多彩，但是我已经精疲力尽了，孩子们也是如此。"

卡巴雷罗发现，在教育中融入艺术能凸显孩子们的优势。有些孩子能用阅读材料写故事并讲出来（故事讲述和视觉艺术），有些能根据阅读文本排练小短剧（戏剧），还有些能写诗编曲（音乐和诗歌）。这些艺术形式让课程变得极具创新性，而且妙趣横生，因为它们能吸引孩子们投入课堂。在这样的课堂中，老师和孩子们都变得活力四射，而且课堂上的一些不良行为也减少了。事实上，学生们是很期待阅读的，因为他们沉浸其中并感到享受。

如何使用本书？

你可以选一个舒适的地方开始读这本书，可以一页一页仔细读，也可以翻阅你感兴趣或是能引起你共鸣的章节。本书一开始就谈到了6种艺术形式：故事、戏剧、诗歌、音乐、视觉艺术和创意形体。在本书的各个章节中，你能了解这些艺术形式的一些特定元素和与其相关的知识。之后本书还会提供在基础教育中实践艺术教育的案例。除此之外，本书还会告诉你艺术教育是如何实践文化响应教学法的，又是如何促进社交情感学习

的。无论是在在线学习中还是在其他形式的学习中，你都能运用本书提到的理论。书中的课堂案例部分是实践艺术教育的成功案例。最后一章讲述了如何用艺术元素设计单元教学计划。

打开这本书，慢慢思考、理解其中的内容，希望它能给你带来帮助。就像石头掷入水中泛起涟漪，希望你也能向课堂的水池中抛一块石头，哪怕只是小小一颗。

观察接下来会发生什么。尽管石头很小，激起的波纹也不大，但渐渐地，波纹会不断扩大，不断加深。学习环境也在慢慢改变，从表面触及内核，这是必然的。

现在让我们回到课堂上，观察艺术教育课堂中的孩子们，思考艺术是怎样作用于不同的学习方式的。例如，观察课堂上活泼好动的学生，或是空间推理能力强的学生，或者是喜欢音乐的学生，思考这些特性是如何促进学生的社交情感学习的。

教师在教学中也要多多观察自身。作为一名教师，你在讲述西进运动[1]、气候知识、莎士比亚这些内容的时候，觉得艺术课堂给你带来了什么变化？当学生成为创作者、发明者的时候，课堂有什么不同？你的角色发生了什么变化？学习评估又发生了什么变化？学生学习的效果怎么样？学生的知识掌握得更牢固了吗？他们变得更加自信了吗？

坐飞机时，空乘人员会提醒乘客在帮助别人之前要先给自己戴上氧气

[1] 是指美国东部居民向西部地区迁移的运动，始于18世纪末，终于19世纪末20世纪初。

面罩。但对教育工作者来说，这却是最难做到的。我们总是围着学生转，而忽视了教师的需求。因此，我们忽略了艺术教育对教师带来的影响。

艺术可以滋养教师的精神世界，教师的精神世界是否富足直接决定了教学质量……提升创造力需要发掘自己的内心，用内心的图像、文字、声音、活动来表达自己的想法，艺术家们就是这样做的。**教师把艺术融入课堂时，也会经历这样的过程。他们坚信自己是课堂中的引导者和鼓舞者，指导学生学习、激发学生的创造力。**艺术教育对教师和学生都是有益的，它为课堂注入活力，对传统教学模式进行了改革，让课堂更富有创造性，点燃了每一位学子终身学习的动力。

学无止境，为了鼓励孩子们终身学习，我们必须要创造更舒适的学习环境，让孩子们自由地反思、发挥奇思妙想和创造力。爱因斯坦说过："事实上，现代教学的一个奇妙之处就在于它并没有完全扼杀孩子们神圣的好奇心。"学生需要好奇心，需要想象力，需要被鼓励。我们需要做的是抛出石头，静观其变。

第1章

将故事融入课堂

故事将你带到另一个世界，让你认识有趣的人物角色，走进他们多姿多彩的生活。无论是书本中的故事、电视上的奇闻，还是人生阅历中的趣事，都能引发共鸣，有的还会给人们带来巨大影响。自古以来，最基本的故事形式就是一种艺术形式。“世界各地的文化不仅把讲故事作为储存信息、传递信息、交流价值观和阐释信仰的方式，也将其视为一种娱乐方式。早在文字记录之前，讲故事者就以口授的方式进行教学。”

无论是寓言故事、童话故事还是生活故事，都是分享知识、理解经验、拓展人际关系最重要的途径之一。因此，本章将探讨讲故事的力量。

故事既可以辅助教学，也能够吸引学生。在课堂上讲故事不仅有助于提高学生的读写能力，而且可以提升其口头表达能力。讲故事还可以让学生学会倾听，并掌握沟通艺术。

什么是讲故事？

> 讲故事，即以丰富多彩的语言和手势创造各种情景。故事讲述者的语言和手势蕴含其独特的文化背景。无论语言、手势如何变换，故事总是那么奇妙。
>
> ——杰夫·盖尔（Jeff Gere）、
> 贝丝-安·克斯洛维奇（Beth-Ann Kozlovich）、
> 丹尼尔·A.柯林二世（Daniel A. Kelin, II）

我们听着不同的故事长大，同时也在讲述着各种故事。在课堂上介绍什么是讲故事时，我们发现学生对故事结构有着自己的独特见解，而这恰好有助于他们理解故事内容。语言可以共享信息，不仅呈现客观对象，同时也传达主观想法。即使是分享暑假里发生的小故事或白天发生的某件事情，讲故事的人也可以运用不同的语言表达方式、变化手势和动作来展现故事的微妙之处。在这一过程中，故事讲述者向听众展示了其独特的内心想法。故事可以锻炼想象力，当我们回忆自己的亲身经历时，故事就相当于我们脑海中的“模拟飞行器”。除了激发想象力，故事还能带来更多感官体验。研究表明，大脑会对故事内容做出反应，给我们带来身临其境的感觉。这意味着，讲故事可以让学生置身故事之中，从而帮助他们理解内容。

人们通常认为讲故事只适用于幼儿，但事实证明，讲故事对所有年龄段的学生来说都是非常有效的学习手段。如果能够有效运用讲故事的学习方法，那么小学生、中学生甚至大学生都会受益匪浅。讲故事与读故事都包括互动、语言、动作、故事和想象，不过人们一般认为，读故事是一种比较常见的教学方法。作为教师应该知道听故事和读故事对学生来说十分重要。正如徜徉在文字的海洋中会给人带来神奇的感受一般，一个好故事会把你带到另一个世界，让你认识有趣的人物角色，体验他们丰富多彩的生活。故事可以影响个人的感受和看法，故事内容可能令人欣喜，也可能令人感伤。

> 我们的大脑喜欢讲故事！无论是小孩子还是成年人，都是透过故事来理解周围世界的。几千年来，我们就是以这种方式教孩子如何社交，形成正确的价值观。
>
> ——诺亚·泰特尔鲍姆（Noah Teitelbaum）

读故事和讲故事是很重要的教学手段。两者都可以提高学生的识字能力，也是衡量学习效果的重要指标。无论是阅读故事还是讲故事，都有助于学生掌握叙事技巧和语法知识，同时提高学生的反思能力、创造力、批判性思维、口语表达、文字表达和肢体语言表达能力。

讲故事与读故事的不同之处在于，讲故事为学生创造了分享自己故事的机会，让学生走进故事世界，通过声音、手势和互动，与故事讲述者共同编织故事。讲故事为分享个人故事提供了空间，使得同理心、包容性和交叉性共存。科斯特洛（Costello）写道：“讲故事旨在肯定每个孩子，尊重他们每个人的想法。”

读故事和讲故事有什么区别？

从书中读到的故事永远不会发生任何变化，但讲故事的人可以时刻注意听众的反应，并不断调整讲故事的节奏。当朗读书中某个故事时，听众和读者都会把注意力集中在故事内容上。读者读的是书上的文字，而听众则在脑海中想象相应的故事画面。虽然读者可以通过改变语音语调来呈现故事中的人物特点，但读者和听众无法改变书中的文字内容。

讲故事的强大之处不仅在于阅读故事，还在于它对听众和讲故事的人都有好处。讲故事具有共同创造性和互动性。讲故事的人借助叙事结构和心理意象与听众交流、引发共鸣，使双方共同创造故事。讲故事者还可以通过语言和手势使听众脑海中浮现出相应的场景，而听众通过想象，能够让故事变得更加栩栩如生。朗读故事仅靠声音并不能完全达到这种效果；而讲故事的人不仅借助声音，还借助肢体语言和情感表达让故事更加生动和真实。就像听现场音乐给观众带来的感受一样，讲故事能让听众获得更加真实的感受。例如，故事中有一些滑稽搞笑的句子或动作，讲故事者可能会在整个讲述中不断重复类似的语言和手势，以逗乐听众。如果发现听众并不感兴趣，讲故事的人会卯足劲头做出些大动作，以此来吸引听众的注意力。为了让听众参与进来，讲故事的人还可以重复故事中的某些段落或者让听众猜测故事情节如何发展。由此可见，讲故事者和听众之间的互动会影响故事本身。

> 好故事有助于人们换位思考，这是共情所必需的认知技能。
>
> ——尼科尔·福赛斯（Nicole Forsyth）

为什么讲故事很重要？

讲故事是一种有效的教学和学习手段，它能够锻炼想象力，对提高读写能力也十分重要。如果学生在听故事的同时能够试着总结并复述故事内容，学习效果就会更为显著。在这一过程中，学生不仅发挥了自身想象力，锻炼了记忆力，也提高了积极倾听的能力。此外，许多教师惊讶地发现，那些不情愿讲故事的学生反而十分渴望参与故事讨论。

讲故事不仅对讲故事者有益，对听者也有好处，因为讲故事鼓励积极倾听，能够培养其分析能力，提高其记忆力和理解能力。换言之，讲故事可以提升读写能力。

讲述一段动人的故事需要在说者和听者之间建立生理、心理和情感方面的联系，组织能力、逻辑分析能力和创造性思维同样不可或缺。学生运用这些能力组织话语有助于他们从多方面提升自我，如构建语言结构、学习和使用新词、发挥想象力、创作故事、提高记忆力、学会分门别类。

在讲故事中，听众既可以听到熟悉的内容，也可以学习新的语言模式。讲故事会引发思考和反思，说者和听者都可以将故事与自己的生活联系起来，并从中获得反思。和其他艺术形式一样，讲故事可以让那些不擅长阅读和写作的学生脱颖而出，因为学生可以将其他语言和艺术表达结合起来，从而创造一种新的艺术形式。

故事是分享多种视角和传播文化价值的有效途径。学生们会运用多种沟通策略创作故事。在创作过程中，他们能够根据语言结构和用语习惯积极思考，发挥创造性思维和批判性思维，同时运用口头语言、书面语言和肢体语言。将各种能力结合起来，学生便能以清晰的逻辑叙述真实的或想象的故事。

讲故事能给课堂教学带来积极的影响。讲述或复述故事时，讲故事的人和听众之间会产生一种直接的联系，讲故事带来的参与感更强，而读故事就没有如此强烈的体验感。最新研究表明，“若一个人在讲故事，而另一个人积极倾听，那么这两人实际上在同步思考”。

每个人都有故事要讲，分享故事为教师和学生提供了一个有效的表达途径。分享故事可以凝聚人心，促进彼此之间相互欣赏，并允许多种观点得到讨论。学生们在讲述自己的故事时，他们的想法和观点也得到了尊重。在面对欺凌、能力、性别和性取向歧视等问题时，故事提供了一种十分有效的解决方法。学生通过倾听他人的声音、分享个人的故事，彼此之间建立起了文化沟通的桥梁。如果学生能够讲述自己的故事并倾听他人的故事，许多观点就可以在和谐的环境中呈现出来。虽然很多人的生活时代不同，文化传统不同，生活经历也不一样，但故事可以让人们产生共鸣和联系。在当今多元化的课堂中，讲故事是建立沟通、促进理解的绝佳方式。

> 许多故事意义深刻。故事既可以带来诋毁和中伤，也可以带来善意和力量。故事可以伤害尊严，但也可以挽回破碎的尊严。
>
> ——奇玛曼达·阿迪奇（Chimamanda Adichie）

课程标准

讲故事可以让学生的能力在多方面得到锻炼和提高。当低年级学生在描述某件事时，可以试着让他们将绘画、口语和写作3种方式结合起来，这样就能帮助低年级学生讲述故事、描绘细节。高年级的学生在讲故事时，则应辅以精心的叙述、严密的逻辑来描述动作、思想和感受等。

当教师进行数字叙事（即运用多媒体技术讲故事）时，学生可以借助各种技术和信息资源来创建和收集信息，从而实现利用技术来完成写作。

讲故事有助于提高团队凝聚力，带来较好的教学效果，打造一个和谐高效的课堂。

如何成为讲故事的人？

学习讲故事并非难事，讲故事中的技巧可以运用到任何课程中。梅格·利珀特（Meg Lippert）表示，“有人说必须‘记住’一个故事才能把它讲出来，很多老师也常常这么想。但这纯属无稽之谈。事实上，听者通常会根据情节发展在脑海中构想故事，因此讲述者把自己听过的某个民间传说讲出来也是完全可以的。所以，作为讲述者的教师所要做的就是把自己听到的故事复述出来”。一旦教师克服了内心的恐惧，树立起自信，提高了复述故事的能力，与学生分享故事就会变得十分容易。故事可以建立自然而然的联系，当与学生分享了故事时，他们会更加渴望进一步学习，同时希望自己也能讲一些故事来锻炼口头表达能力，而这也有利于提高他们的阅读和写作能力。

> 在教育中，我们经常通过书面文字和插图分享故事，但口头语言仍然是人类使用最广泛的交流方式。把创造性与声音相结合，就可以给孩子们呈现一种新的讲故事方式。
>
> **——雷切尔·科斯特洛（Rachel Costello）**

从个人故事和民间故事着手

任何人都可以成为一个好的讲述者，因为我们都有故事要讲。但如果要讲故事，最好是讲自己非常熟悉的故事，比如个人经历或家里发生的事情。个人故事是很好的选择，因为这些故事通常没有文字记录，大多都是口口相传。最重要的一点是，没有标准规定我们必须要如何讲述个人故事。比如，说说你哥哥是怎么扮鬼吓你的，或者米卡阿姨是怎么用整瓣丁香做蛋糕的，我想每个人咬第一口时应该都吃了不少香料！

如果学生在思考自己的故事时遇到难题，请试着问问他们以下问题：

- 你有没有笑得肚子疼甚至从椅子上摔下来？
- 你是怎么学会游泳或骑自行车的？
- 你真的害怕过吗？

- 你做过哪些引以为豪的事？
- 你知道你的家人、朋友或邻居的故事吗？
- 你能讲一个自己做出的重要决定吗？

如果学生想不起来讲什么故事，那么听其他人讲故事有助于唤起他们的回忆。

除了个人故事，还可以讲民间故事。清楚故事的发展脉络之后，你就可以用自己的话把它讲出来了。很多民间故事集和故事绘本都是极好的故事材料。也可以从学校图书馆或公共图书馆查找故事书，同时还能查看故事所包含的文化背景信息。书店里有许多新出版的民间故事和有声故事书，听故事录音可以帮助我们感受声音的抑扬顿挫和节奏变化。

创作自己的故事

讲故事的人需要自己编写故事。如果你很喜欢某个故事但发现它不好讲，试着读一读其他的故事版本，然后运用梅格·利珀特提出的策略来创作自己的故事：

- 认识角色，并将其融入你的讲述。通过话语、手势或动作，表现人物的狡猾、懒惰或睿智。如果故事中有动物角色，还可以模仿动物的声音
- 情景描述、人物刻画或不经意的幽默往往会让故事更加有趣。尝试在故事中加入幽默元素，这会带来锦上添花的效果
- 提供故事背景。民间故事通常缺少背景描述，但这无关紧要，重要的是给听众提供故事线索，让他们知道故事发生的时间和地点。比如，故事中的一棵棕榈树或黑莓树，就可以帮助听众放松身心

融入想象中的故事场景

- 切勿偏离故事的中心思想。故事主题是关于克服困难、应对逆境、传递希望还是关心他人？在改变某些故事情节之后，你是否保留了故事的核心？

让学生讲述自己的故事

《幻想之声：加州青年故事说》（*Voices of Illusion: Youth Storytelling in California*）的节目负责人凯文·科迪（Kevin Cordi）坚信，故事讲述最重要的一点就是让学生给彼此讲故事。诺福克（Norfolk）认为，“对学生而言，最重要的受众是他们自己。我亲眼见过讲故事和听故事是如何提升群体凝聚力的。从这种交流中，年轻人萌发了讲故事的想法并对此兴致勃勃。在这种环境中，群体意识不断增强，人们相互关心、彼此分享，从而给故事讲述以及个体成长带来积极影响”。

可以佩戴书中角色的面具来讲故事。
图片来源：谢伊·纽伯里波特，马萨诸塞州

导入活动：循序渐进学习讲故事

梅格·利珀特通过下列简单易懂、循序渐进的方法，成功教会学生讲自己的故事。故事内容可随意选择：民间传说或寓言、历史事件、自然现象或科学概念（如毛毛虫如何破茧成蝶、水循环有什么含义），也可以是数学问题（如分饼干问题或细胞分裂）。

- **讲：**融入抑扬顿挫的声音，运用不断变化的手势，给学生讲个生动的小故事
- **复述：**让学生分成小组讨论听到的故事，再轮流对故事进行复述。如果学生从中间某个情节开始复述，教师可以这样回应："很好，你说得没错，但在这之前发生了什么呢？"同时鼓励学生变换语音语调和手势，使故事更引人入胜
- **回顾：**回顾故事结构，在黑板上列出故事的主要情节框架。回忆故事的开头、结尾和重要人物对话。当学生清楚了故事的开端和结局，他们就可以更加流畅地复述故事内容。让学生不要拘泥于个别词语，而是要发挥想象力描述他们脑海中浮现的画面
- **自我讲述：**让教室里的学生面对墙壁，把墙壁当作一个人，然后对着墙壁讲故事。讲完故事后要进行讨论，问学生："你被难住了吗？你觉得自己哪些地方讲得比较精彩？"
- **彼此讲述：**让学生两人一组互相讲故事。如果时间不够用，就让一个学生讲前半部分，另一个学生讲剩下的部分
- **大功告成！**学生们仅用30分钟就学会了讲一个故事。鼓励学生把这个故事讲给家人和朋友，也可以让他们给其他班的同学讲这个故事。如果有家长问学生"你今天在学校学了什么？"，就可以让学生把这个故事讲出来。此外，让学生写下他们知道的故事，这样就可以列一个故事清单，与他人分享自己的学习成果

从讲述到写作：让学生写故事

从讲故事到写故事，是学生需要迈出的另一步。首先，学生应当已经听过很多故事，并能够讲出情节类似的故事。挑一个熟悉的故事与学生一起划分篇章内容，通过分析故事结构（图1.1），以明晰人物的性格特点和情节发展脉络。在学生理解故事结构之后，让他们按照同样的结构创造角色、编写故事。写作前的准备活动可以帮助学生创作出内容更加完整、结构更加清晰的故事。

创作故事

1. 你的故事的主角是谁?
    - 故事的主角是人还是动物?
    - 故事的主角是大人还是小孩?
    - 故事的主角长什么样?
    - 故事的主角穿的什么衣服?
    - 故事的主角喜欢干什么?
    - 故事的主角的梦想是什么?
    - 故事的主角害怕什么?
    - 故事的主角叫什么名字?
2. 故事的主角如何实现自己的梦想或目标？可以创作不同的版本，看看哪个故事最天马行空、生动有趣。
3. 给故事起个名字，多列几个，然后从中选择。

图1.1 列出故事结构

将故事融入课堂

一旦学生习惯了讲故事这种模式，就可以将讲故事融入课堂教学。

语言艺术课

在语言艺术课上讲故事再正常不过了。可以讲民间传说、神话等，并让学生复述故事内容。麦克唐纳（MacDonald）认为，“讲故事教会人们如何倾听，发挥口头语言的长处，塑造人物、描绘情节，展现了文学魅力”。

故事充满了无限可能性。仅民间故事就包括多种类别，如恶作剧故事、童话故事、科普故事、传说、寓言和神话等。

社会研究课

在讲故事时，让学生将历史人物、特定时刻和特定地点联系起来，有助于他们深入学习历史。例如，贝丝·霍纳（Beth Horner）从原始文献（包括照片和信件摘录）中发掘出一个个故事，从中可以看出内战对士兵家庭的影响。她以个人视角讲述故事，将历史人物带入现实生活，探寻历史细节。

贝丝·霍纳还做了以下描述：“时间和地点很重要，某个特定时刻更能引发听众共鸣。‘神游时刻’指的是听众脑海里只呈现某一瞬间的画面，而将其他故事情节抛之脑后，就如同把故事置于放大镜下，让听众潜心体验这一瞬间。我主要是想让听众记住那生动的精彩瞬间，从而将画面印在脑海中。

科学课

讲故事可以帮助学生理解复杂的科学概念和科学现象。

- 故事中的科学：在故事中学会观察、提出问题、激发灵感。通过讲科学家的故事来呈现实验设计和实验过程，告诉学生科学家是如何完成一场实验的
- 蜘蛛：讲一个关于蜘蛛的故事，如“蜘蛛人阿南西（Anansi）”[1]或“为什么蜘蛛的腰很细”。然后让学生研究蜘蛛如何结网和觅食，并把从故事里学到的东西讲出来
- 变态发育，青蛙：讲一个关于青蛙的故事，比如“青蛙是如何失去尾巴的”。让学生了解青蛙卵如何从蝌蚪变为青蛙，最后通过讲故事的方式展示学习成果
- 化学变化，火：讲述两个关于如何吹灭蜡烛的小故事。小苏打和醋混合产生的二氧化碳可以使蜡烛熄灭，让学生以故事的形式把这个实验过程讲出来
- 天文：在学生学习科学概念之前，与他们分享关于美国印第安人的故事，给他们讲述昼夜更替或季节变换。然后让学生自己讲故事来解释科学现象

霍曼（Homann）认为，应该鼓励学生通过讲故事的方式去理解科学概念（如生物、化学或物理知识）。教师可以利用故事构建科学思维，从

[1] 西非传说中的蜘蛛神，是西非和加勒比民间传说中的重要人物。

而为学生提供支撑科学思想的框架。

让学生讲述科学家的故事或相关奋斗经历、某个科学调研或科学问题，可以参考“科学背后的故事”等网站。

数学课

有时学生很难理解某些数学概念，甚至辅以具体的例子和演示也无济于事。教师如何利用辅助手段帮助学生学习数学？泽梅尔曼（Zemelman）、丹尼尔斯（Daniels）和海德（Hyde）建议学生在讨论、写作、阅读和倾听中学习数学，以加深他们对复杂概念的理解。讲故事可以让数学教学妙趣横生，因为它能激发学生的想象力和学习热情，从而让学习更有意义。学生在听故事的时候，会在脑海里想象画面，将内容与意义联系起来，真正掌握。

讲故事让学生参与到解决问题的过程中，从而把他们引入故事世界，产生一种关联感和情境感。当数学与故事中的人物、背景、情境和问题相结合，数学思维就显得至关重要。可以给学生讲一个与数学有关的故事，一旦其中的数学问题得到解决，就让学生“停下思考，发挥想象”，从而帮助他们深入理解故事。通过发挥想象力，学生们可以将数学题与日常生活联系起来，根据已知数学条件创作故事情节，进而讲出生动的故事。

让学生讲一个与数学方程有关的故事，把数学问题与实际生活联系起来。还可以让学生根据图表和表格编故事，然后问学生：“这些数字背后有什么故事？”对于几何问题，让学生讲述各种图形彼此相遇的故事，之后问学生“当梯形与矩形相遇时会发生什么？它们有什么共同点？又有什么区别？”讲故事可以巩固学习模式，因为大多数故事都有固定的结构，可以让学生把故事结构以数字或图表的形式呈现出来。

课堂案例

通过讲故事把个人经历与其他内容联系起来，从而加深学生对数位问题的理解。下面是小学数学教师玛丽·巴尔·戈拉尔（Mary Barr Goral）和辛迪·迈耶斯·格纳丁格（Cindy Meyers Gnadinger）的教学例子。为了帮助学生理解数位运算，两位教师编了“女王算术派对”的故事——有个女王正在举办一场大型派对，需要数百份邀请函。虽然这不是真实的故事，但里面有一个真正的问题需要数位运算才能解决。在听故事的同时想办法解决其中的问题，能够帮助学生巩固知识、达到学习目标。

视觉艺术课

鼓励学生模仿照片、漫画或绘画，把故事场景画出来。在讲故事时学生还可以利用布景、道具、海报等可视化元素，不同的“语言”模式可以激发学生的高阶思维，如分析、整合和评估能力。

课堂案例

美术老师杰西卡·霍洛韦（Jessica Holloway）通过在课堂上讲故事，为艺术创作提供更多素材、赋予更多意义。例如，在给5年级学生上美术课时，她讲了一个巴勒斯坦民间故事《淘气的小瓷罐》（*Tunjur! Tunjur! Tunjur!*），故事中一个女孩向真主安拉（Allah）祈祷想要个孩子，最后真主赐给她一个调皮捣蛋的小瓷罐。讲完故事后，霍洛韦老师让学生们在制作陶瓷罐时充分发挥想象力，用黏土捏出各种面部表情，再粘到陶瓷罐上。之后就是最重要的课堂活动，让学生告诉别人他们的罐子“在讲什么”，就像讲故事一样。通过这堂课，学生就能更好地理解各种面部表情。

音乐课

民谣是充满韵律的故事诗，大多是关于历史的故事。让学生听几首民谣，然后根据所学知识尝试创作自己的民谣故事。

运用数字化手段讲故事

运用数字化手段讲故事就是把讲故事与各种多媒体手段（如图像、音频和视频）相结合。多媒体将数据图形、文本、录音、视频和音乐结合在一起呈现数字故事。与用传统方法讲故事一样，数字故事也是围绕一定的主题和特定观点展开的，通常只需要几分钟就能把故事（包括个人故事、历史事件复述或某一领域的信息）讲完。

学生往往需要先学习一些示例才能够创作数字故事。在借助多媒体手段体验了学习过程后，他们就知道如何创作自己的故事。教师可以从一些网站查找关于数字故事的内容和相关指导方法。

在上述这些课程中，教师可以在师生互动中讲故事，让学生参与到课堂中；学生也可以讲自己的故事，并围绕故事主题不断丰富情节和内容。课后，学生还可以与家人或朋友交流分享，把这些故事讲给他们听，在讲述过程中可以通过改变语音语调、叙述方式来吸引听众。故事可以由一个人讲述，也可以由多人共同讲述，每个成员在讲述中扮演不同的角色。总之，讲故事灵活多样、充满趣味，是所有课程皆适用的教学方法。

本章小结

许多人认为讲故事是教育的核心和精髓。通过讲故事可以呈现不同观点，让学生有机会分享个人经历，即使是语言、背景不同的学生也可以共同学习。

所有人都渴望分享故事。故事是讲述经历和记录重要事件的一种方式。尤其是在当今时代，课堂语言和文化日益多样化，故事对语言和文学发展的意义也更为重大。

对于学生来说，一旦学会讲故事，创作故事就容易多了。无论是讲以前的故事还是新故事，都能使听众从中受益，因为倾听是重塑语言（包括口头语言和书面语言）的第一步。

就教育而言，故事是传递信息最有效的方式之一。以故事手段讲述的历史事件会给学生留下深刻印象。无论是古老的还是现有的文化形式，都能在故事中寻得一席之地。至于动植物如何进化、数字如何计算或政府政策如何影响社会发展等问题，只要听者认真倾听，此类故事同样可以让人印象深刻。

通过讲故事，我们可以洞悉各种社会观点之间的联系。这种古老的艺术形式可以激励每个学生，因此故事教学能够为学生提供更好的教育。

汤姆 · 李（Tom Lee）正在讲述一个源于印度史诗《罗摩衍那》（Ramayana）插图的故事
图片来源：克雷格 · 诺顿（Craig Norton）

思 考

1. 进行教学实践，思考如何把讲故事融入课堂。
2. 如何通过故事在课堂中呈现多元视角并展示不同观点？
3. 观察学生如何讲故事。他们的积极性和参与度如何？哪些因素会影响学生？

第2章

戏剧教育的力量

什么是戏剧？

当你听到“戏剧”这个词时，你想到了什么？一般来说，教师会联想到剧场，认为会是一场有灯光、服装、场景的舞台表演，还会把学生想象成背台词的演员，所以他们认为戏剧在课堂上是行不通的。虽然一些戏剧作品的确如此，但过程戏剧（以下简称戏剧）并不一样，它能在教学过程中给学生带来全然不同的体验。剧场表演重在为观众呈现一个最终的作品，而戏剧则重在探索表演的过程，重在关注对参与者成长过程以及想象力的培养。戏剧注重即兴表演，即对当下内容进行即兴演绎，而不是单纯背台词。戏剧服务于学习，而不是以上演一场精彩绝伦的演出为目的。戏剧教育主要是对概念、故事、历史事件、科学发现等进行戏剧研究和戏剧演绎。

> 教师在课堂中借助各式各样的戏剧活动，有助于提高学生的语言表达能力、听力以及理解能力，以达到促进学习的目的。戏剧活动包括角色扮演、小组讨论、可视化教学（将事件、概念和信息视觉化）、虚构戏剧演绎和现实戏剧演绎。
>
> ——iDevelop教师培训

学生扮演角色、营造情境，把自己代入故事本身，能和故事产生共鸣，并且借助于此，学生能够自主分析角色，理解语境，领会主题。

曾任中学教师的戏剧教育工作者兼研究人员杰弗里·威尔海姆（Jeffrey Wilhelm）认为，戏剧教学策略通过营造情境，让孩子“利用想象来学习”。塞西尔·奥尼尔（Cecily O’Neill）将戏剧看作一个虚拟世界，其专门为解释一些概念、见解和理解等抽象事物而生。戏剧还被定义为借助肢体语言、声音以及想象力，来诠释世界上的各种故事。根据以上对戏剧的定义，学生能够发挥想象力，以全然不同的方式学习课程，从不同的角色身上学习知识。在艺术教育的过程中，师生齐头并进，共同探索学习的奥妙。

戏剧为什么重要？

> 古往今来，演戏的目的都仿佛是给自然照一面镜子。
>
> ——《哈姆雷特》（*Hamlet*），莎士比亚（Shakespeare）

研究表明，参与戏剧不仅有利于学生加深理解、提高语言表达能力、培养多角度思考问题的意识，还会提高他们语言表达的流利度，能够激发他们的学习动力。

从本质上说，我们能够借助戏剧审视生活中最复杂的问题。戏剧作为一种实践工具，为研究社会难题、处理人际关系、探求因果关系提供了便利。同时，在戏剧中，人们可以尽情尝试不同的角色，做出不同的行为选择，观察自己在戏剧框架中是如何影响剧情走向的。这并不是以找到正确解决方案为目标，而是尝试运用多种方法研究一个故事、一个话题，或某个时刻。如此一来，学生便能察觉到情境中的所有细节。另外，将学生置身于情境之中，他们将能够明白自己的重要性，能够理解别人的想法，以及学习怎样在戏剧中发挥作用。过程戏

剧能够让学生理解不同角色之间的关系，并且让学生代入角色，发散思维去思考问题。

参与

学生普遍抱怨学习和生活毫无关联。“为什么我得知道这个？”研究表明，很多辍学的学生表示，自己早在4年级就觉得学习对生活毫无用处。学生要花很多时间学习大量知识，掌握大量技能，因此实践的时间就少了许多。许多实践活动也都成了非必要选项。那么，教师将戏剧带入课堂，有利于学生将所学知识、所授技能与生活联系起来。

学生可以借助多种戏剧元素寻找故事与生活之间的联系，在有趣的情境下探索各种角色，解决各种戏剧冲突。在戏剧中运用时空，得以让课程中的故事活灵活现。戏剧教育创造了体验式课堂，让学生得以全方位展示自我，并发现自己的闪光点，甚至有些闪光点是教师都未曾注意到的。戏剧的运用满足了学生学习风格多样化的需求，并有助于将学习和实践联系起来。霍华德·加德纳（Howard Gardner）对多元智能领域的研究为戏剧教育的发展提供了理论支撑，他认为我们共有9种智能，分别为语言智能、逻辑—数理智能、空间智能、动觉智能、音乐智能、交流智能、自知—自省智能、存在智能和自然观察智能。从事脑研究和支持改变学习方式的人们当前一致认为，课程学习、内容习得和主旨领会的方式要多样化。大多数课程仅关注对前两种智能，即语言智能和逻辑—数理智能的学习，而艺术课程涉及所有智能，因此艺术有利于帮助学生找到

> 学生进行沉浸式戏剧体验，从合作到辩证思考，到最后创新式解决问题，由此得以实践生活技能。
>
> ——丹尼尔·A.科林（Daniel A. Kelin）

适合自己的学习方式。加德纳的研究体现了人们应关注艺术与教育之间的关系。

课程标准

在一场戏剧表演中，观众和演员都要具备几种能力，例如，能和不同的搭档合作，能理解他人的想法，能适应不同的情境，能评价他人的观点。学生通过扮演戏剧角色，能够由内而外地领会台词文本，由此分析出文本结构，领会论点支撑文本的过程，推理出文本逻辑结构，梳理出中心思想和主题，由此分析出角色、事件和论点是如何在文本中相互作用的。

戏剧走进课堂的一个好处是鼓励学生勇于输出。因为在大多数时候，学生没有足够的自信表达自己的想法。当学生把自己代入角色，便能明晰自己的想法、观念甚至信仰。他们不再被动接受现成的信息，而是学着质疑、研究和发现，从而形成自己的观点。学生在研究人物、背景、故事发展的过程中，学会了倾听自己和他人的想法，并思考不同的想法如何影响人物关系。同时，他们也能探索更多的交流方式和表达方式。

瑞秋·马特森（Rachel Mattson）提到，“戏剧教学关注发现想法的过程，而不是为了做公开汇报”。玛克辛·格林（Maxine Greene）主张为学生提供更多接触艺术的机会，激发学生“觉醒”，由此审视他们自身与世界的联系。

课堂案例

在课堂中运用戏剧教学会是什么样呢？来自华盛顿州塔科马市的卡莉·亚历山大（Kalee Alexander）是一名中学科学老师。她摒弃了死记硬背的教学方式，而是借助戏剧帮助学生掌握一些难懂的概念。她在教学生们用显微镜观察细胞时，会运用戏剧教学手段，让学生想象自己是细胞器，把整个教室当作细胞。这样的话，学生就必须思考各种细胞器的动态结构，及其在细胞结构中的功能。这样一来，学生们便会深入探索，老师也能更好地解决学生学习过程中的疑惑。卡莉·亚历山大指出，“仅认识单词是远远不够的，更重要的是要掌握单词的意思，从不同角度去理解概念，所以我在实践中将抽象的细胞器概念具体化，给予学生启发，帮助学生理解”。

倾听多种声音

促进全面发展的教育不仅要求学生熟悉自己的文化背景，还要求他们意识到多元文化背景的存在。学生思考自己的文化背景，思考是什么造就了自己，这种思考将会延伸为对自己归属感的探讨。一般来说，学生对涉及自身的因素极为敏感，所以他们一眼便能注意到。在“单一文化”观点的影响下，学生认为每个人自成一个文化体系，这便阻碍了其和文化背景互异的人交流。正如麦金托什（McIntosh）所言，“每个人都有独特的文化印记”。

学生在戏剧表演中能学会换位思考，能够培养同理心以及形成清晰的思路。学生在进行角色扮演，把自己代入特定的情境之中时，可以根据角色做出自己的选择。在一个纷繁复杂的世界之中，成功的关键在于认识到世界不只有一种声音。

戏剧教育重视对学生文化基础的培养，重视培养学生倾听不同的声音。在此基础上，他们便会认识到自己独特的视角和文化背景如何影响自己对社会问题的看法。学生对世界一直有着各种奇思妙想，意识到上面所提的这一点，将有利于他们形成自己的社会文化观。瑞秋·马特森在思考将戏剧融入历史研究时指出，“过程戏剧有利于促进年轻一代对历史的辩证批判性思考，有利于提高学生的好奇心，鼓励学生对原始文献进行批判分析”。

蒂莫西·多尔蒂（Timothy Doherty）在论证角色扮演的作用时说道，“学生从即兴角色扮演到排练，不仅是在积累观点，也是在输出观点。角色扮演帮助学生发现、理解和接受新的观点”。

影响角色选择的因素有很多，学生对其进行研究有利于培养他们的同理心，增强他们的理解能力，从而促进团队合作和领导力发展。教师布兰达·罗斯勒（Brenda Rosler）在5年级课堂上将戏剧和历史结合起来教学时注意到，一些学生在戏剧实践中不仅仅是参与者，还是决策者和领导者。

开拓思维

戏剧表演能够开拓学生的思维。戏剧表演要求学生具备知识迁移能力，学生利用自己对已知情境和角色的了解，在戏剧情境之中进行新的演绎。他们在虚拟的情境之中探索行为的多种可能性。戏剧有利于培养学生的发散思维能力和想象力，鼓励学生勇于尝试多种可能，由此获得意料之外的成功。内莉·麦卡斯林（Nellie McCaslin）在谈论戏剧的创造性影响时指出，“创造力就是将已知世界进行有意义的重新组合”。

戏剧用隐喻诠释复杂的概念，从而将焦点放大，这提供了一个看待问题和发现新观点的角度。戏剧营造了一个独立的情境来诠释概念，有助于我们梳理复杂的话题和概念。戏剧给参与者以距离感，给予其舒适区，这样参与者便能在情境中进行反思与思考，同时保持冷静，进行自己的安排。教师凯特·德帕洛（Kate DePalo）提到，“我已经注意到我班里的学生进行了不同程度的合作。他们通过戏剧表演解读信息，思考深入、积极参与、成果显著。我也注意到学生们通过参与戏剧，开始深入研究文本材料”。

高效交流

戏剧表演需要学生完全调动自己的肢体语言，明白言语表达和非言语表达之间的区别，具备敏锐细致的观察力。戏剧要求学生既要运用有声语言，也要运用无声语言，从而培养学生的情境把握能力和洞察能力，让他们明白有声语言和无声语言是如何影响交流效果的。换句话说，交流是怎样发生的？观点是如何被接受的？

要想实现高效交流，就要想想需要学习的地方。除了词汇本身，说话中的细节也暗含信息，因此不容忽视。例如，停顿、结巴、疑问等细节都是有深意的。戏剧艺术家诺米·诺埃尔（Normie Noel）强调，话语细节极为重要。沉寂、停顿、错误开场所传递的信息甚至比一个完整的句子还要多。因此，我们所说的话以及说话的方式都有着不同含义。对于正在学习如何高效交流的学生来说，这非常具有学习价值。情境、语调、无声语言共同决定了语言的使用特征。

提高阅读理解能力

研究表明，成功的阅读可以让学生身临其境。诚然，戏剧让学生身临其境，进入故事内部，并将故事和人物的特点演绎出来，由此增强对故事的理解。当学生参与戏剧时，他们会用各种方法赋予文本意义。例如，在语言方面，他们会使用书面文字和口头语言；在肢体方面，他们会运用肢体动作；在空间方面，他们会观察自己和他人所处的位置；在情感方面，他们会用动作、音乐、文字等形式调动情绪；在交流方面，他们会对大家的戏剧表演给予反应，由此赋予故事意义。

这种学习方式有助于深入理解故事。正如大卫·布斯（David Booth）所言，“戏剧鼓励孩子不要满足于现成的、简单的解决方法，而是要去不断探索，透过现象寻求本质。戏剧能够培养学生的“如果”意识，若想进行真正的阅读，就必须将材料打印出来”。该学习方式和学生生活联系紧密，令学生对生活有了更深的体悟。因为他们已经用包含肢体、情感和视觉的多感官方式学习了一篇文字材料，学习愈深入，收获愈丰富。

我们可以把对一个故事的初印象作为理解该故事的切入点。戏剧帮助我们了解观众是如何与故事产生共鸣的。杰弗里·威廉海姆说道，“作为一名教师，我会鼓励学生骋驰想象，尽情勾勒角色特征，讨论故事结局，进行奇思妙想，并代入角色进行互动。一场曾经被搬演过的戏剧未来也仍会被再次搬演，无论何时，它都是经久不衰的。由于戏剧有教育意义，你可以借助戏剧表演教授阅读技巧，传授学习方法，帮助学生领悟材料，领悟其艺术、美学和隐喻上的含义”。这些戏剧建立在学生已有的知识储备之上，来帮助他们理解当下阅读的文本材料。

戏剧表演作品必须和文本材料相契合，符合学生对世界的认知。戏剧表演让阅读和学习过程可视化、可控化，并且接受评价和修改。威廉的研究证明，戏剧表演能帮助学生进入文本世界，将文本材料视觉化，增强学生和文本材料之间的互动，赋予文本材料以意义。

> 教师更像知识的协调人和领导者，而不是守门员。学生应该能够自主学习，而不是被动学习。他们发现知识的魅力，感受文字的忧伤，领悟知识的韵味。
>
> ——萨拉·兰扎乌（Sara Ranzau）和阿什莉·托马斯（Ashley Thomas）

批判性素养：分析文本

戏剧最大的魅力在于让学生代入角色。学生借助角色审视世界，当学生代入角色时，便可自如地转换自己和角色的视角。当学生透过不同视角看待同一情境时，便会明白同一故事存在多种理解方式。之后，教师可以询问学生是从什么视角分析故事的，这有利于培养学生的思考能力和批判意识。威廉海姆和埃德米斯顿（Edmiston）写道，“戏剧帮助人们审视自我，定义自我，发挥想象，感受不同视角，让人们在批判性阅读中同世界对话。总之，戏剧并非一成不变，而是追求革新”。

探索戏剧的过程让我们能够剖析故事的方方面面。这不仅有利于提高学生的理解能力，还有利于培养他们的批判性思维。因此，我们对文本材料的理解不再停留于表面，而是会从各种切入点进行深入研究。我们常常认为一个故事只有一种理解。当然，这是十分片面的。故事会随着叙事视角的转换而产生新的理解。对一个故事进行戏剧分析时，可以从以下几个方面进行思考：

- 这个故事的讲述立场是什么？
- 这个故事呈现了哪些观点？
- 哪些观点被忽略了？

- 人物之间的关系是怎样的？
- 故事背景是什么样的？
- 每个角色都做出了哪些选择，以及做出这些选择的原因是什么？

在语言艺术的课堂上，分析戏剧有助于了解人物的内心世界以及他们做出选择的原因。在社会研究课堂上，分析戏剧可能会对叙事视角提出疑问，并思考如果叙事视角改变，故事会有什么不一样的呈现方式？

戏剧可以提升学生的审美，培养其丰富的情感、深刻的思维以及卓越的分析能力。戏剧不仅培养了学生接受信息的能力，还激发了学生思考、反思、分析和评价的能力，提高了学生分析故事现实性的能力。因此，进入故事世界，成为你正在阅读的人物，从而明白人物为什么做出如此决定，是培养读写能力的最佳方法。戏剧表演有利于培养传统意义上的阅读技巧，提高阅读理解能力和批判分析能力。学生不再一味相信故事内容，而是学会去提出质疑。

我们让学生代入特定角色，进入特定情境，引导学生从不同角度去思考。戏剧让学生接触到与自己不同的观点，从而培养学生的同理心，并且让学生认识到思考问题的角度不是唯一的。

一位教育工作者在艺术教育实践方面经验丰富，该教育工作者同实习教师一起进行了将戏剧融入故事创作的尝试。这些实习教师表示，借助戏剧演绎故事的实践开创了学生阅读故事的新思路，促进了学生辩证思考能力的发展，提高了学生的参与积极性。学生能更快地发现人物的情绪特点，思考人物的行为动机，反思自己阅读过程中遗漏的地方。学生进行定镜创作，深入研究故事，定位人物的社会角色，“在此过程中他们便可设计、分析、讨论社会结构，以及对人物关系进行研究。学生进行定镜创作，有利于他们抓住故事重点，总结故事情节，并学习团队合作”。教师们将学生活动过程拍摄了下来，并注意到，“让学生们惊讶的是，每个小组对角色的想法都不同，但他们的想法没有正误之分。这项活动能使学生认识到故事中人物关系的变化”。在活动后期，教师们组织了一场市政厅会议的角色扮演活动，该活动鼓励学生研究角色行为动机。“当学生把自己当作布·拉德利（Boo Radley）或汤姆·罗宾逊（Tom Robinson）时，他们就不再以自己的角度去思考问题，而是思考如何管理好小镇，思考对人生的看法，并同角色产生共鸣。”学生在试着诠释角色特征的过程中，会迸发出想法和创意，这是传统课堂讨论所不能达到的。他们把自己当作布·拉德利或汤姆·罗宾逊，因此说话也愈发有底气。“这种实践令学习不再停留于文字表面，而是鼓励学生探索问题，表达自己的观点。”

> 健身房和剧院一样，一个是用来训练肌肉的，一个是用来训练同理心的。诚然，剧院不仅有利于我们培养同情心，还有利于我们倾听、接触并理解与我们不同的声音。
>
> ——比尔·英格利希（Bill English）

促进英语学习

有许多英语学习者不太适应用英语交流，所以学习困难。戏剧则为英语学习者提供了一个新思路。戏剧模拟出现实情境，让学生在情境之中探索语言的奥秘，并允许学生试错。读者剧场、定镜创作、即兴创作、视觉图像、哑剧等文化响应教学法为不同层次的语言学习提供了思路。学生通过肢体语言、声调变化、口语或写作的方式，对故事线索、人物关系、情节背景、语言技巧做出反应，以此探索学术语言的奥秘。苏·里格（Sue Rieg）和凯莉·帕凯（Kelli Paquett）指出，“戏剧表演不仅给儿童带来了有趣的学习体验，还有利于提高他们的阅读理解能力以及口语流畅度，有利于扩充他们的词汇量，促进句法、语篇知识的掌握，还有利于培养他们的元认知思维”。巴坦内（Bataineh）和萨拉赫（Salah）指出，“戏剧不仅涉及基础语言知识，还关注交际过程中的言语表达和非言语表达。戏剧侧重于学生的认知和情感领域，注重培养他们的自我意识以及换位思考意识，重视提高他们的学习自主性，也注重培养他们的自尊心。戏剧把学生带入所学语言的情境之中，并使学生在教师的指导和帮助下进行探索式学习”。

导入活动：定格场景（The Tableau）

用非语言形式来阐释概念具有一定的难度，但其有助于激发我们的创造性思维。给学生一个单词或一个概念，让他们用肢体语言在特定场景创作一幅静态画面，即定镜创作。低年级学生可以演绎具化的概念，例如无生命物体或动物。高年级学生可以演绎一些更为抽象化的概念，例如平衡方程式（数学）、民主（社会研究）、矛盾修饰法（文学）或速度（科学）。该活动可以随时随地进行，并且教师无须备课和准备教具。

1. **定格场景创作：**给学生们一个概念或单词，让他们用肢体语言进行定镜创作，并鼓励学生调动肢体语言令画面生动有趣，比如改变学生们的位置。如果学生成功用定格画面诠释了概念的意思，那么就可以进行更为复杂的小组定镜创作。小组定镜创作不仅难度增大，还要求交代清楚人物关系。之后，每个小组确定一名“雕塑家”，剩下的成员成为“黏土”。
2. **画廊漫步：**如果学生完成了小组定镜创作，教师可以让学生为作品添加文字说明或标题。这有利于引导学生思考作品和文字之间的关系，从而激发新想法。作品在展示之前、展示过程中和展示完成后是否添加文字说明（每种选择都会有不同效果），这将取决于学生。

让全班同学想象自己正在雕塑展上进行“画廊漫步”，其中每个作品都是一座雕塑。让学生们欣赏每个作品，并大声说出作品所阐释的思想。教师将学生所说记录下来，“画廊漫步”结束后讨论正确答案。“画廊漫步”过程中，当学生猜出正确答案时，就邀请创作者讲述创造过程以及所做的艺术选择。

3. **拍一拍：**学生创作并展示完定镜后，邀请一名观众“拍一拍”雕塑。之后，雕塑会展示一两句文字说明。该步骤使作品“觉醒”，由此展示学生内心的想法。
4. **幻灯片：**按照从单词到概念的顺序，让学生进行定格场景创作，从而讲述清楚故事。这个过程就像在播放幻灯片，一张一张进行播放。每个定镜都应像一张照片。教师可以让学生在每个场景变换间隙闭上眼睛（说“落幕”），变换好之后睁开眼睛（说“开幕”）。这有利于创作团队准备他们的“雕塑”，最后呈现给观众的就是一个成品了。

定格场景与课堂教学

定格场景创作适用于任何课堂。在数学课上，学生可以创作多边形在生活中应用的定镜画面，其他同学猜测图像所描述的内容。在科学课上，学生可以创作有丝分裂和减数分裂的多幅定镜，并用幻灯片播放的方式演绎细胞分裂的过程。每幅“幻灯片”都应带有相应标题。在社会研究课上，学生可以进行定镜创作，演绎出宪法签署过程中的某个时刻。此刻，每个历史人物都被赋予了生命，每个人物都有一句体现其内心的台词。

戏剧教学策略

如果学生对定镜创作感兴趣，那么教师便可以在课程学习时引入戏剧教学策略。给学生提供主题，比如历史或文学发展的某一阶段，某个科学研究的最初阶段，或解决数学问题所选择的切入点。鼓励学生在此基础上主动探索，有利于增强学生对人物、背景和时间要素的了解。戏剧教学策略有助于学生将理论和实践相结合，促进学生对故事进行全面详细的研究。

默剧

"默剧是用无声的语言表达思想的艺术"。学生需要用肢体语言，在不说话的前提下讲述一个故事或概念。他们用无声的语言刻画动作，展示人物关系，讲述故事的来龙去脉。学生借助无声的语言交流想法，有利于他们开拓思路、演绎概念。

即兴创作

即兴创作是指学生不事先阅读剧本，就当时的感受即刻进行创作与演绎。给学生提供时间、地点、人物，让学生代入所给角色，戏剧自然开演。学生用自己的话表达对故事、角色和人物的理解，有利于学生将所演绎的故事、概念以及历史知识同生活结合起来。学生结合自己的体会进行即兴创作，有利于提高他们的理解能力。

“专家外衣”（Mantle of the Expert）

“专家外衣”是由戏剧教育专家多萝西·希思科特（Dorothy Heathcote）提出的一个戏剧教育策略。她鼓励学生把自己想象为所研究领域的专家。给学生一个角色，比如研究细胞分裂的生物学家，之后让其他学生对“专家”进行采访。该策略鼓励学生扮演一个特别的角色，有利于学生深入了解所研究的内容。“如果学生扮演成专家，那么他们说的话必须要有理有据、令人信服。”

独白

独白是指戏剧或故事中一个人独自陈述自己的内心想法的时刻。独白有两种形式。一种是内心独白，即自言自语，人物对自己说话，另一种是人物对观众的独白。让学生从历史、文学或新闻报道中选择一个人物，然后创作一段独白，独白重点关注人物内心的波动。同时，让学生融入人物中，思考人物的立场角度，并思考以下问题：

- **你想讲什么有趣的故事？或者你的主旨是什么？**
- **你想向观众传达什么？**
- **你的动机是什么？**
- **在你对独白的构思中，关键词是哪几个？**

- **你要选择哪种说话基调？**

视觉化

视觉化又称引导性想象，是指让学生听一段描述性文字，并想象自己置身其中。这有利于激发学生的想象力，为写作奠定基础，还有利于“增进对故事的认知，了解故事的感情基调，提高学生对故事或话题的兴趣”。教师可以用第二人称“你”叙述，学生在听的过程中可以闭上眼，增强其体验感。

戏剧教学走进课堂

以下是一些简单的戏剧教学活动，适用于各个年级。所有活动均难度较小，可在课堂上实践。另外，戏剧教学不需要复杂的场景设计和精致的服装道具。

语言艺术课

让学生代入故事中的一个角色，借助戏剧探索一个情境，这有利于提高学生的理解力和视觉化的能力，并能使他们更好地理解角色的选择。首先，学生选择故事中的几个人物，在朗读时模仿人物声音，由此建立一个声音集。这样就可以把所有角色带入到一个空间中，引导学生探讨故事的主题。另外，学生选择几个重要的时间点进行定镜创作，或者以不同人物的视角创作剧本、演绎短剧。

课堂案例

缅因州的中学教师进行了教学创新，运用定镜创作的教学方法带领学生学习了诺顿 · 贾斯特（Norton Juster）的《神奇的收费亭》（*The Phantom Tollbooth*），探索了书中许多有趣的事情。在戏剧教学策略的指导下，全班同学制作了一张真人大小的米洛（Milo）旅行地图。这张地图能够展示米洛的旅行经历，以及米洛旅行过程中的收获。学生们在米洛去过的每一个地方都进行了定镜创作，用定格图像展示人和物，以及米洛的收获。辛迪 · 丹尼（Cindy Denny）是一名来自阿拉斯加州的教师，使用了苏珊 · 洛厄尔（Susan Lowell）的《辛迪 · 埃伦：一个狂野的西部灰姑娘》（*Cindy Ellen: A Wild Western Cinderella*）一书，来引导学生关注词汇选择，并以6要素写作法的评分标准为依据。她让学生想象辛迪 · 埃伦和书中其他人物受邀参加了一个脱口秀节目。学生扮演不同的角色，接受脱口秀主持人和观众（班上其他同学）的采访。之后，学生们讨论了不同角色的说话特点，这有助于深化学生对角色的理解。因此，学生们明白了每个角色的语言特点，以及词汇选择的差异。最后，学生们为这本书的结局做了戏剧化续写。学生先自行修改写作，之后进行小组间修改，最终形成一个定稿。最后，学生在自己的小组内表演其他版本的结局。

社会研究课

学生往往认为历史与他们的生活无关。那么，可以让学生想象自己是一个历史人物，由此把历史和生活结合起来。让学生给所选的历史人物写一则小传，以研究人物内心的想法。或者让学生分组演绎历史上的一些重要时刻，并让学生探讨如果人物做了其他选择，戏剧走向会有何变化。让学生进行默剧创作，用肢体语言演绎一个历史人物的性格特征。当小组进行默剧创作展示时，每演绎人物的一个性格特征，其他学生都要描述自己所看到的内容，并且教师将学生所用词汇记录下来。学生如果成功塑造出了历史人物，并掌握了历史知识，便可以让其他同学进入快问快答环节，让他们对人物的选择、信仰和文化背景发问。当扮演该人物的学生娓娓道来，解答疑问时，其他同学会感到十分惊喜。这种沉浸式体验的方式鼓励学生分享自己的看法，有利于提高学生的理解能力。

课堂案例

丹尼斯·切斯布罗（Denise Chesbro）是一名3年级教师，她向学生介绍了诺曼·洛克威（Norman Rockwell）的画作《言论自由》（*Freedom of Speech*）。这幅画展示了一个社区成员在市政会议上发言的画面。首先，学生们分析了这幅画的艺术创作手法，并且探讨了自由的含义。然后，他们进行定镜创作，模仿画中人物的姿势，并讨论如果他们在现场会有什么感受。接下来，他们又模拟了一场城镇会议，探讨了一些重要问题。因此，无论是还原画作中人物的姿势，还是模拟城镇会议的戏剧手段，都帮助学生认识到了当时的政府状况，以及一些事宜的重要性（例如，让公民获得发言权）。

丹尼斯指出："学生们对原画作的研究十分认真，以期能够复现画中的场景。如何进行演绎？在教室的什么位置进行展示？如何在作品中体现多种维度？每个角色都由谁来饰演？学生们深入讨论了以上问题。他们不断进行新的尝试，这给我留下了很深刻的印象。他们能感觉得到……自己就是那个角色。学生成为学习的主导者有诸多益处，例如能够调动艺术手段来促进学习，并积极展示学习成果。另外，学生都具有同理心，这有助于他们以第一视角了解历史事件，与事件亲历者感同身受…… 当学生们与亲历者产生共鸣时，他们对历史的记忆就会更加深刻。”

数学课

让学生们想象自己在制作一条广告，解释为什么世界需要几何学。学生可以创作一条广告语，例如“你了解数学吗？”，也可以制作一些有关几何原理运用的短片。该活动将数学和生活实践联系起来，鼓励学生发挥创意，用自己的方式分享看法，以让学生了解数学知识的意义。之后，学生可以在其他班级展示自己创作的一系列广告。

鼓励学生给文字赋予戏剧色彩。让学生创造角色，营造新情境，令问题更加有趣。学生可以使用夸张的服装道具来充实场景，也可以邀请观众在展示过程中做数学计算。

科学课

你可以运用戏剧教学策略，让学生在模拟情境中学习科学知识。学生可以研究细胞器和细胞结构之间的关系，或者探索一个科学过程，例如把心脏想象成一个角色，然后创作独白，以展示心脏在人体中的作用。或者让学生扮演科学家的角色（“专家外衣”策略），进行一项科学研究。你可以考虑将发现科学成果的时刻戏剧化，例如X射线的发现，由此可以研究科学思维如何发挥作用，科学成果如何获得，以及进步如何取得。

让学生在科研会议上扮演专家的角色，并告诉学生需要阐释和解读有关最新温度统计数据的条形图和图表，并根据数据得出结论，然后设计独白来分享他们的发现。

课堂案例

一名幼儿园教师让学生们把自己想象为科学家，然后检查教师用纸泥做的骨头模型。小科学家们检查骨头的状况，发挥批判性思维，由此判断骨头的生物来源。小科学家们之间交流讨论，展示他们的推理过程，诠释他们对科学的理解。

戏剧与其他艺术形式融合

让学生用戏剧手段进行艺术创作，演绎故事、诗歌和音乐等其他艺术形式的作品。让学生将诗歌戏剧化，给每个小组分一节诗，让学生将其表演出来。学生可以发挥自己的创造力，在作品中体现自己的想法，例如重复台词、增设角色、哑剧表演、合唱、独唱等手段；让学生用讲故事的方式进行戏剧活动，可以创设情境，变换不同的场景；让学生在表演中加入音乐，以烘托氛围，表现人物特点，吸引观众注意力，突出故事情节。

本章小结

戏剧教学鼓励学生自主学习，充分发挥想象力，令课程学习更有意义。学生在扮演角色、即兴创作场景、演绎故事的时候，便能让思维“可见”。当学生在研究故事在历史、科学和文学中的作用的时候，不仅能更好地了解自己，还能培养倾听他人想法的习惯。学生发挥想象力，运用批判性思维，积极参与活动，提高沟通能力，并形成自己的见解。

戏剧还能让学生享受学习过程。教师凯特·德帕洛（Kate DePalo）讲述了自己戏剧教学的实践情况，“学生们会发现问题，并积极解决问题，而且对学习越来越投入。更重要的是，我注意到，戏剧教学策略令我的课堂寓教于乐，我的学生不仅在学习，还在享受学习的乐趣”。

通过戏剧，我们给学生空间和时间，把艺术融入生活，探索人物可能做出的选择，并鼓励学生跳出自己的思维空间，进行换位思考。在戏剧空间中，问题被放大。学生作为虚拟情境中的人物，做出最真实的反应，有助于帮助他们理解人物同所处环境的关系。因此，戏剧教学可以帮助每位学生发现自我、认识自我。

思 考

1. 在你的课程设计中，什么地方适合引导学生进行多角度思考，由此促进深入学习并让学生产生共鸣呢？
2. 如何展示一个人物，以让学生彻底理解一个故事或一个历史时刻？
3. 选择一个本章的戏剧教学策略，思考如何将其实践到你现在的课程中。

第3章

探索诗歌的艺术

什么是诗歌？

埃米 · 路德维格 · 范德沃特（Amy Ludwig VanDerwater）曾说："诗歌是那些擅讲故事、擅教诲、擅启迪思想者的语言。"

诗歌是语言的一种特殊形式。梅瑞 · 戈德堡（Merryl Goldberg）在她的《艺术融合》（*Arts Integration*）一书中指出，诗歌就是"文字游戏"。诗歌不解释，只暗示，多用隐喻和意象。艾米莉 · 迪金森（Emily Dickinson）在诗中第一行就完美诠释了诗歌的本质——"以曲折的方式道明真理"。诗歌给人自由使用语言的空间，并且不受拘束，可以让我们自由组合词汇而不用关注标点和语法。莫里斯（Morice）曾说，"诗歌是经过艺术加工的语言。如果有人觉得某个东西是诗，那么我确信，它就是诗"。

诗歌让我们能淋漓尽致、细致入微地观察世界，并且能调动我们的所有感官。它要求我们全神贯注、明察秋毫、时刻警惕，去看、去听、去嗅、去触摸……它是一种语言游戏，在游戏中，我们需要使用意象、重复、格律、声音、隐喻、语气等手段。如果能体会到诗歌的创造性，我们就能对听诗和写诗产生极大的热情。诗歌能让学生体会到语言游戏的自由和乐趣。

诗歌为什么重要？

理查德·布兰科（Richard Blanco）是一位诗人，同时也是美国诗人学会的教育大使。他曾对教育工作者们建言："我认为，国家的诗人同时也是国家的记者、艺术家、英雄和历史学家。不仅如此，他们更是国家民主成就的宣讲人。你们给予了学生倾听这些故事的机会，让他们能在诗歌的王国里自由驰骋、恣意狂欢。"

乔伊·哈乔（Joy Harjo）是一名马斯科吉（克里克）族人，也是美国第一位印第安裔桂冠诗人。在她的诠释下，"诗歌是一种声音，诉说着不可言传的话语；是一种道明真理的方式，阐明了日常话语所无法传递的含义。它胜过政客们的花言巧语。诗歌本身具有预见性，并且不受时间的限制。正因为这些特性，诗歌能够传递悲伤、痛苦、喜悦、欢愉、绝望等情绪，比任何一种文学艺术都能更直接地阐明真理。诗歌本身具有仪式性，可以毁灭，也可以创造。诗歌帮助人类认识自我，预测未来。没有诗歌，人类便会迷失方向"。哈乔还认为，诗歌在表情达意、传递信息方面具有独一无二的作用。

把诗歌融入课堂能够提升学生的课堂参与度，培养其批判性思维能力和反思能力。诗歌中有丰富多彩的意象，聆听这些美妙的诗句可以激活孩子们的想象力，让孩子们感受到语言的奥妙。例如，对隐喻、明喻、节奏韵律等语言技巧的了解都可以通过听诗来加深。在讲到拼读法、音位意识、流畅度、理解能力、写作能力以及其他语言知识（如韵律、词族）时，诗歌就是最权威的教学文本。拉辛斯基（Rasinski）说："诗歌也可以用来训练口语。为了打动观众，学生在上场前就要不断演练、反复诵读。"

课程标准

诗歌本就是语言艺术的完美展现。它可以完美呈现许多语言技巧，如描写、分析、叙述、阐释、倾听、写作（使用头韵和隐喻）。读诗、写诗和品诗也是提高阅读能力、表达能力和倾听能力的关键一环。诗歌被列为学生应读文学体裁，诗歌技巧和语言艺术也是融会贯通的。例如，学生在学习诗歌的时候，也要学习修辞语言、理解文字关系、体会微妙含义（8年级）、分析音韵节奏（7年级）、熟练朗读诗歌并录音（3年级）。写诗时，学生可以把读诗时学到的语言技巧加以应用。通过诗歌，老师可以教给学生许多语言知识，如拼读法、音位意识、隐喻、明喻和意象，提高学生的语言流畅度和理解能力，扩充学生的词汇量。

在课堂中，教师应该选用学生们感兴趣并且与学生能力相符的诗歌文本，这样一来，上述语言技巧就变得更加简单易学。在传统的写作中，学生往往会感到受约束，但是写诗给了学生自由的空间，他们不用拘束于“繁文缛节”，只需专注于主题、选词和韵律。

除了教授语言知识，诗歌还大有所用。在社会研究课中，读诗可以带领学生感受时代与文化，并且直抵其灵魂与内核。诗歌的格律与节奏需要运用数学思维。写科学诗和数学诗可以帮助学生构建心理意象，引发新理解。

读诗和写诗让学生可以自由探险，勇敢地表达自我。

玛丽·奥利弗（Mary Oliver）写道：“诗歌具有生命的力量。写诗需要怀抱信念与虔诚。毋庸置疑，诗歌不仅仅是文字，更是寒夜里的一把火、迷途中的一根绳、饥饿时的一碗粥。”

诗人纳奥米·希哈布·奈（Naomi Shihab Nye）说："有时候，诗歌可以传递温情、鼓舞人心。你可以在合适的时间将诗歌赠与他人，赠与急需的朋友，赠与心碎的人。"

一位来自加利福尼亚州的高中教师针对部分学生采用了诗歌教学。在传统的教学模式下，这些学生的成绩都不太理想，排名靠后。她意识到诗歌或许能激发他们的学习兴趣。首先，她向这些学生读了自己写的一首诗《我来自》（I Am From）。考虑到部分学生的家庭比较困难，她对他们说不必介绍生活中的每一处细节，可以自己选择写什么、不写什么。她为他们提供了一些可挑选的主题，比如家庭、记忆、街坊邻里、名言警句、特殊地点……这位教师还鼓励学生在诗中运用视觉、听觉、嗅觉等细节描写手段。

> 诗歌不仅是文字，更是寒夜里的一把火、迷途中的一根绳、饥饿时的一碗粥。
>
> ——玛丽·奥利弗（Mary Oliver）

采用诗歌教学之后，这位教师在一个学生身上看到了惊人的变化。这个学生之前一直叫苦不迭，课上不专注，对学习也不感兴趣，但现在他对写诗产生了极大的热情。写完诗之后，他想去计算机房把他的诗打到电脑上，于是兴冲冲地跑去征求教师的同意。这也是教师第一次见他有如此大的创作热情。打完字后，他自豪地上交了自己的杰作。这是部分节选：

> 我来自上帝之城，神灵之野，生命之麓，星月之光。我来自有种族歧视的国度。我来自自由的土壤。
>
> 我来自狭窄肮脏的走廊。我来自冰冷坚硬的街道。

我来自尸横遍野的土地。我来自人人争相涌入我却要葬身于此的地方。

我来自需要时刻警惕的城市。我来自永恒之地。我来自无人相信我的地方。我来自贫民窟，我定会绽放光芒！

——来自加利福尼亚州的某高中生

诗歌可以触及人的内心深处，不仅对这名同学，对其他人来说也是如此。诗歌给予这名同学一驾自由驰骋、自由表达的马车，让他呐喊出未曾表达过的、内心深处的压抑与懊丧。他的声音直到这一刻才真正被听见。此次诗歌练习也让他敞开了心扉。

在学习中，我们需要被了解、被看到。要让别人知道我们是谁、我们的期待、恐惧和经历，这是学习的基础。当写道“我来自无人相信我的地方”时，他便讲出了内心所想。通过诗歌，师生之间、同学之间的关系得以加强，可以相互激励、相互扶持。诗歌同其他艺术形式一样，不仅能让学生的语言更有力量，还能助力其走向成功，这是传统教学方式所不可企及的。因为这首诗，教师和这个学生走得更近了，也知道了如何在学习上帮助他。

把诗歌融入生活

大多数人沉迷于浏览网络上的文章和社交软件上的帖子，或是读杂志、看小说、阅读非虚构作品。但能经常读诗的又有几个呢？恐怕寥寥无几。为什么不读诗呢？是什么牵绊住了我们？是诗太晦涩难懂，太错综

> 读诗、写诗、表演诗歌可以帮助学生应对家庭、社会以及情感难题。在课堂上大声读诗可以建立信任感以及同理心，同时还能提高学生的听说能力。
>
> ——杰西卡·海伦·洛佩斯（Jessica Helen Lopez）

复杂吗？或许自从上学起，诗歌就给我们留下了不好的印象，因为老师总逼我们去解读诗歌、剖析诗歌，让读诗变得毫无意义。以至于到了现在，我们几乎体会不到读诗的乐趣了。诗人乔治亚·赫尔德（Georgia Heard）说："对许多人来说，诗歌就像一扇缠着铁链的门，还挂着一把沉重的锁。"

虽然学习诗歌的时候苦不堪言，但在唱歌的时候（跳绳歌、餐桌礼仪歌、童谣等），诗歌也给我们留下了许多美好的回忆。许多歌词唱段我们至今都还记得，以后也不会忘却。这些诗句学起来很轻松，背起来也很有趣。为什么我们又喜欢这些诗呢？或许是出于热爱，或许是诗歌的韵律、节奏、词汇和意象打动了我们。

许多老师在讲课的时候会回避诗歌、恐惧诗歌，没有把自己当作诗人，因此也错失了把诗歌带入课堂的机会。《希望、谎言与梦想：教会孩子写诗》（*Wishes, Lies and Dreams: Teaching Children to Write Poetry*）一书的作者肯尼斯·柯克（Kenneth Koch）曾在纽约的公立学校教过书，他发现孩子们根本没有机会进行真正有意义的写作，因为教师往往知难而退。他们觉得孩子不懂诗歌，诗歌太难了、太精深了，理解都成难题，更不用说评赏了。事实上，柯克的诗歌教学实践反而证实了孩子是有能力捕捉复杂信息的，并且能与之共情。诗歌对教师也是大有裨益的。诗歌能丰富思想、回应诉求、触及心灵。柯克的一个学生对诗歌的重要性做了如下总结："我喜欢诗歌，因为它让我变成了我想要的样子。"

> 你能在诗歌中看见自己，或是看见社会吗？诗歌是如何让你充满期望、感到悲伤、欢欣鼓舞、回首过往的？
>
> ——詹·博加德（Jenn Bogard）

在把诗歌带入课堂之前，先把诗歌带进你的生活。去逛逛图书馆，在诗集面前安然坐下，抽出几本，细细品味。有没有吸引你的地方？你喜欢哪一类诗？这些诗能让你联想到课堂上讲的内容吗？请图书管理员帮你挑选几本诗集，带回家慢慢欣赏。或者你可以向美国诗人学会或美国诗歌基金会订阅“每日一诗”。

在读诗和写诗的时候，一旦你自己感到自信与舒适，便可以把你的热情与感受传递给学生，学生也能享受到与你同样的乐趣。学习诗歌的第一步就是要抛开根深蒂固的成见，不必在意前人为诗歌下的定义，不必管他们如何看待写诗、如何看待诗人。

读诗

学习诗歌可以从读诗开始。默默诵读，看看什么地方能打动你。找自己感兴趣的诗来读，不久你就能发现，许多诗人和你有着相似的经历，你与他们能产生共鸣。你可以把自己喜欢的诗带到课堂上读给学生们听。我们总被要求鉴赏诗歌，但我们也有只看不评的权利。把诗歌自然而然地带入课堂，不要占太多时间，不要做过多评价。为诗歌腾一个地方，享受过程便好。

写诗

接下来，打个草稿。以下方法可以激发你的创作灵感，任选其一即可：

1. **画一张地图描绘你长大的地方，尽量包含足够的细节，比如当地的学校、树屋、经常闲逛的公园或山坡**。把这张地图与你的记忆串联起来。在众多回忆中选择一个印象最深的，在脑海中构思，把你能想到的关于这段回忆的所有事物都列出来。运用多种感官，你还记得当时看到了什么？听到了什么？尝到了什么？闻到了什么？当时都有谁在场？你感觉如何？天气怎么样？当时是什么时间？把关于这段回忆的所有细节都罗列出来，写个三言两语。你可以写一首清单诗，诗的内容可以是你做的菜，可以是让你感到开心、困惑或悲伤的事情，可以是你的疑问，可以是你养过的小狗的名字……

2. **选择一件对你来说意义重大的物品，简要描述一下，不必担心对错**。以下是一些指导方法：

   玩转节奏与韵律。有人告诉过你诗歌必须押韵吗？从这种思维中解脱出来，创造属于自己的、独一无二的韵律和节奏。自由选择音律，自由组合音节，自由重复单词、词组或句子，玩转其中，其乐无穷。写完之后，大声把诗朗读出来，注意倾听每个单词或音节的音律。

- 用词成诗而非以句作诗。你只需要传递印象、细节和意思。这一环节的乐趣就在于跳出标准英语的句法和措辞，尝试用碎片化的语言或词组来写作，就算一行只用一个单词也能传情达意
- 只呈现、不言传。使用感官词，调动情绪，留下对描述对象的印象即可。不要告诉读者该如何思考、如何理解，一切尽在不言中。诗歌的灵魂在于意象——一种能再现场景、唤回记忆、描述经历的文字图像。意象来自视觉、听觉、嗅觉、味觉和触觉5种感官。诗歌以有形的世界为基础。意象帮助呈现你的所思所想，而不用言语转述

- 摒弃陈词滥调。写诗不需要使用华丽的辞藻。使用口头语言也同样有力量，我们不需要去取悦谁。想不出诗情画意的词汇也不必忧心，你只需选择最合适的、最新颖的、最准确的语言来传情达意
- 使用隐喻。使用隐喻可以让语言更加精炼，可以在两种事物之间建立生动的联系，例如“我的文字是风筝”。隐喻还有助于增进理解，让读者能够从新的角度理解事物。例如，卡尔·桑德堡（Carl Sandburg）在他的短诗《雾》（Fog）中，就把无生命的雾比作一只猫，让雾活了起来。隐喻（或明喻）可以帮助诗歌实现“跳跃”，即从一种思维模式跳跃到另一种思维模式。只需要简单描述两种事物之间的相似之处，就可以用最精炼的语言诠释你的想法。隐喻的力量是强大的，隐喻式思维是一种更为高级的思维模式，要通过不断训练才能获得
- 大声朗读诗歌、仔细倾听韵律。语言本身就有韵律，韵律给人带来愉悦。划分诗行可以创造韵律、传情达意、引人深思

文字写下来后还要字斟句酌、反复推敲。把它从整首诗中拿出来，再放进去，反复琢磨。如果可以的话，把它读给别人听，再问问他们的意见。

写完诗后，把你的诗分享给他人。诗只有被大声读出来才有意义，给诗找到一位听众才是对诗最大的尊重。诗是一份珍贵的礼物，你可以把它赠与他人，通过分享就可以实现作者与读者间的连接。

向学生介绍诗歌

一旦你感受到了诗歌的强大力量，你便会乐于向学生介绍诗歌。乔治

亚·赫尔德（Georgia Heard）建议教师“选择通俗易懂、贴近学生生活的诗歌，激励学生读诗，带领他们进入诗歌的王国”。

首先把诗读给学生听，之后再让学生互相读诗。美国桂冠诗人比利·柯林斯（Billy Collins）曾说过，读诗可以培养基础的认知技能和智力技能，读诗也可以“巩固学习、加深思考”。他认为诗歌和学习有许多相似之处，他说：“读诗的时候，我们其实进入了另一个人的意识。为了接收他人的观点，我们必须削弱自身的固有成见……理解隐喻是一次‘心灵之跃’，可以锻炼我们的想象力。为了把两件看似毫不相关的事物联系起来，我们甚至要重塑思维。”柯林斯把诗歌看作“一种思维方式、一种理解角度”，它可以帮助学生理解“如何塑造信息、描摹信息，才能让信息变得明白晓畅”。

学习诗歌的最佳方式就是让学生听各种类型的诗歌。现在的学生习惯于听各种类型的音乐，已经建立了自己的音乐判断标准。在听诗的过程中，他们可以学会分析语言、塑造意义。听完之后，问问学生他们记住了什么内容，是否还记得什么细节，以及有没有触动他们的地方。他们通过自己的双耳，以自己的方式去倾听诗歌的内涵。听诗是学生沉浸文本、理解文本潜在含义的一种重要方式。

每个学生各不相同，学生读的诗也应是多种类型的。数位加拿大学者研究发现，诗歌教学是文学教学的最佳途径，也是培养学生批判性思维能力、分析能力的最佳方法。诗歌中蕴含的丰富文化信息也能激励语言学习者。

在理想的状况下，学生读的诗够多，他们因而能找到自己的作诗风格。不仅要读传统诗，还要读现代诗，不仅要读严肃的诗，还要读诙谐的诗。接触到了足够多的诗歌与诗人，学生便能把握多种风格类型，从而能够自己作诗。

读的诗越多，对诗的兴趣也会越来越浓厚，前人对于诗歌的定义也会被打破。音乐不止一种类型，诗歌也是如此。听诗的过程也是感受、思考和发现的过程，学生可以提出疑问，也可以在诗中找到答案。刚开始，你可以只读诗的标题，问问学生：你们觉得这首诗是讲什么的？让他们聆听每一个文字的声音。听诗和读诗可以锻炼理解能力，学生也可以把相关技巧运用到其他类型的文本中去。

读诗和品诗能够帮助学生进行文化响应式讨论，因为对于诗歌的理解不分对错。针对同一件事情，学生会有不同的看法，因此诗歌能够激起热烈的探讨。

——吉尔·弗莱彻（Jill Fletcher）

帮学生找到自己的写诗风格

学生在读不同类型的诗歌的时候，要提醒他们，押尾韵并不是写诗的唯一方式。有押韵的诗，也有不押韵的诗。问问学生：“你更喜欢哪种方式？为什么？”如果有学生先入为主地认为诗歌就是要押韵，那么可以给他们布置一项任务——针对同一件事物写两首不同的诗，一首押尾韵，另一首不押韵。他们很快就能发现，如果不用绞尽脑汁去找韵脚的话，写诗就省事儿多了。夸梅·亚历山大（Kwame Alexander）说过：“孩子喜欢韵律，许多孩子接触的第一本书就是押了韵的。文字和韵律都是妙不可言的。我们在小时候就已经像诗人一样体验着世界。你有没有牵着刚学步的儿童在大街上走过？他们观察着街角闪闪发光的硬币，倾听着每一辆车飞驰而过的声音和每一只昆虫振翅而飞的声音。”

乔治亚·赫尔德（Georgia Heard）曾说：“当我读诗时，我首先要用心感受。我对诗歌的好奇心始于惊叹与热爱。为了打磨作品，表达内心，我需要挖掘诗歌的巧思。”

当学生能够享受听诗和读诗之后，就让他们开始自己写诗。以下活动可以激发学生的创作灵感以及创造力，让诗歌变成卓有成效的教学工具。

导入活动：关于“变化”的诗

许多课程都会讲到变化，比如四季更迭、历史变迁、气候变化、物质状态的改变、身体上的变化以及心理上的变化，不胜枚举。上述所有变化都可以谱写成诗！这堂指导课是关于变化的，可以当作诗歌学习的热身训练。

1. **热身：**首先和学生一起探讨“对于某物或某人来说，变化意味着什么”。让学生把他们能想到的变化都列在纸上，这些变化可大可小，可以是转瞬即逝的，也可以是长期存在的。（例如：家庭住址的变化、年龄的变化、友谊的变化、发型的变化、从骑三轮脚踏车到骑单车的变化、情绪上的变化、心态的变化、季节的变化……）
2. **回忆：**让学生思考生活中的变化或者是课堂上的变化。再让他们回忆变化发生的时候他们在哪儿？是什么感觉？还有谁在场？当时穿的是什么？是什么季节发生的事？
3. **创作视觉画面：**给学生一些美术材料，让他们根据记忆画一幅画——画出变化发生的地点以及变化的内容。不需要画得很好，我们仅仅是用这幅画唤醒记忆，把记忆可视化。
4. **记关键词：**让学生在纸上写下关于某项变化的关键词，注意不要写完整的句子。情绪和感官可以让变化更为灵动，记住，我们要展现变化而不是讲述变化。

5. **使用隐喻或明喻：**要让学生明白，把两件事物做对比也可以让变化更加生动。课堂上让学生想出几组词语，再讨论词与词之间有什么关联。这项思维训练要求较高，对低年级学生来说尤其如此，但是大胆尝试一下吧！在课堂上给孩子们分享一些隐喻和明喻的例子。
6. **分享诗歌：**首先让学生把他们写的诗读给自己听。读的过程中，提醒学生注意诗的韵律。让他们问自己如下问题："还有什么需要改进的地方吗？换个词会改变韵律吗？还能让诗变得更有趣一点吗？我是否可以大声朗读诗歌并与同学分享自己的感受？"

关于"变化"的诗与课程教学

如果学生已经学会根据个人经历写关于"变化"的诗了，那么他们便可以尝试写其他主题的"变化"诗，以下是一些可供选择的主题：

- **社会研究课：**在社会研究单元选择一个主题，针对该主题，思考有哪些变化之处，以此写成一首诗。例如，学生可以写宪法对美国社会的改变，还可以写20世纪和21世纪科学技术的变化
- **数学课：**数字也是可以变化的，能加能减，能乘能除，还可以变成分数。让学生从数字出发，写一首关于变化的数学诗
- **科学课：**让学生写环境变化，例如由液体到固体的状态变化或是季节变化。除了描写变化，学生还需传达对此事的感受以及态度。注意提醒学生描写要具体，要使用多种感官

课堂中的诗歌活动

以下是一些有关诗歌学习的课堂活动，在任何年级均适用。首先让学生练习与个人经历相关的诗，对各种类型的诗歌熟悉之后，再拓宽写作范围。

词碗

“词碗”很适合新手练习诗歌写作。当你面对着一张白纸手足无措的时候，这项活动能助你一臂之力。要进行这项活动，首先我们要针对特定主题列出一张单词清单。先让学生进行头脑风暴，在脑海中思索相关词汇，如代词、动词、名词、介词短语等。列单词的时候尽量选择生动形象、幽默风趣、抓人眼球、令人印象深刻的词汇。想好之后，就把单词都写在白纸上，用剪刀剪成一张张单词小纸片，然后把纸片都放进“词碗”里。

选几名学生从“词碗”里抽5—10张纸条。让学生根据主题，用抽出来的单词纸条作一首诗。写完之后，把诗大声念出来，学生便能发现，同样的词语能创作出许多不同的诗句。经过了这样的练习，学生很快便能独立写诗了。“词碗”练习还可以扩充学生的词汇量，帮他们识词、用词。这项活动也适用于非虚构文本的写作练习。

你还可以让学生把杂志上的词语剪下来，添加到自己的词碗里。有关词碗的作品示例见图3.1。

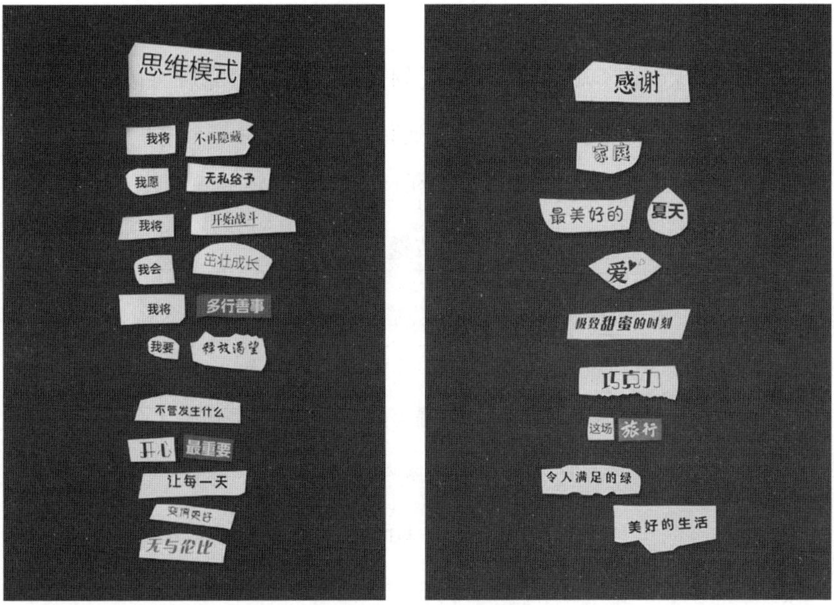

图3.1 词碗作品示例

图片来源：海蒂·霍普伍德（Heidi Hopwood），爱达荷州

诗歌《我来自》

《我来自》诗歌创作活动是由乔治·艾拉·里昂（George Ella Lyon）提出的，在这首诗中，学生可以分享自己的家族传统、家庭生活、重要时刻和特别记忆。这首诗的每一行都以“我来自”开头，“我来自”的后面不一定要接一个地方，还可以是诗人的所见所闻、所思所想。玛丽·布雷比（Marie Bradby）的诗《妈妈，你来自哪里》（Mama, Where Are You From）就是绝佳范例。

《我来自》这首诗把学生的故事和声音代入了课堂。“学校和教室就是当今社会的缩影，但是比社会更加公平。在这里，我们要关心每一名学生，帮助他们发掘人生的意义。”

教师先写一首《我来自》，享受创作的过程，写完后再读给学生听。这样一来，学生便能了解你的生活，而你也给学生做了个榜样。不仅要读诗，还要给学生讲讲写诗的过程，然后再让学生根据自己的生活写一首《我来自》。这是某教师所作诗歌的节选：

我来自一台老式榨汁机，
一条负载累累的晾衣绳，挂着松脆的毛巾，僵直的牛仔裤，
还有散发着阳光气味的床单。
我来自早餐吃的手工面包、热麦片粥、
浓豌豆汤
和白色豆糊。
我来自永久保存的水果罐头
和夏日花园里的果实。

——利兹 · 瑟古德（Liz Thurgood），
爱达荷州教育家

《我来自》这首诗可以是包罗万象的。可以让学生写一位历史人物（社会研究）、文学角色（语言艺术）、动物（生物）、岩石（地理）、星球（天文），甚至是几何体或图表（数学）。

达尔文

我来自科学
探索大自然的奥妙

研究生生不息的

万物生灵

不同动物之间的相同

相同动物之间的不同

我注意到宗教所忽视的事物

秘密研究

一切都瞬息万变

——6年级学生艾略特·温斯顿

（Elliot Winston）

观察诗

鼓励学生用感官观察世界，可以是一个地点、一个时点或是一件物品。让他们用眼观察、用耳倾听、用心感受，记录所观察事物的大小、形状、颜色、质地、口感或味道。再让他们根据所观察到的事物写一首观察诗。

这罐子像是一颗长了嘴巴的梨子

颜色如天空般湛蓝

风声在四周回旋

陶土混合着香草的芳香

它像是一块有洞的石头

又似一方洞穴

装得下一位精灵

——5年级学生麦金（McKim）、

斯坦伯格（Steinbergh）

观察诗是对学生的科学观察的很好补充。在学生观察完大自然或是做完实验后，让他们写一首诗来记录。在实验室的时候，注意提醒学生切勿随意乱闻乱尝。

颂诗

颂诗用于歌颂和赞扬。古时候，人们用颂诗来赞美某件事物的美好品质。但是到了现代，颂诗也用来描写日常事物。

课堂上，我们要告诉学生，颂诗的前提是尊重、赞美和褒奖。鼓励学生运用一些有创意的诗歌形式，这有利于激发学生对诗歌的兴趣。

有一位希腊神名为波塞冬（Poseidon）
是宙斯（Zeus）和哈迪斯（Hades）的弟弟
统领着整个海洋
他脾气暴躁……像绿巨人一样！！！
可以挑起地震
招来海啸
我对他有所钟爱
举着三叉戟
他就像是水行侠！！！
闪电侠……
神通广大！！！
他驾着战车
由四匹马牵引着
在海洋上空游荡

——初中生肖恩·德兰尼（Sean Delaney）

回忆诗

每个人都有对自己影响颇深的难忘时刻。让学生根据一段回忆写一首诗。写之前先问学生一些问题，“你当时多大了？”“身边都有谁？”“当时你是什么感觉？”以帮助学生唤醒记忆。让学生用5种感官来描述这段回忆。

美好的缝纫时光

母亲的针脚在布料上来回穿梭

她停下来剪掉松弛的线头

像打着节拍的魔法歌唱家

缝纫机的踏板像是被施了催眠术

小女孩目不转睛地盯着柔软的蕾丝边

银针笔直地挺立着

穿过针眼就进入了一个新世界

节奏越来越快

在布料上舞动、摇摆

优雅得体

从大到小、由蜂吟到钟鸣

由花瓣绣的和平标志到闪闪发光的银水池

穿着西装和背心的时尚女郎

纽扣光滑，精致又结实

手工缝制，纽扣上有小洞

商店买的百褶裙

为裤腿和裙子缝边

为我换上新桌布和新窗帘

慢慢松开线轴、缝补袜子、安上扣子

柔软的礼服挂在椅背上

灰尘静寂无声

等待着被唤醒

针头跟随着布料的方向

让魔法重现

让走线平直

……哪怕只有片刻！

——玛丽安·墨菲（MaryAnn Murphy），

教育家、诗人

静默中的回忆

连翘的枝桠在石墙上投下细长的影子

木犁被晒成白色，上面爬满藤蔓和枝条

一辆废弃的手推车倚靠在黑暗的洞口

屋前的土地被鹅卵石和落叶覆盖

一切都在静默中

霉味扑面

地面又凉又脏

红酒桶、锈铁钉

瓶盖、落叶和破碎的玻璃杯

给旧铁炉搭了个灰蒙蒙的窝

她的园艺工具，一把草叉和锄头，静静伫在门口

杂草、黄草、枯叶

和屋旁贫瘠的泥土

八岁的我，赤脚下是美丽的花园

她弯下腰去采摘鲜嫩多汁的西红柿和甜辣椒

装满了她的花围裙
土壤肥沃又温暖，在阳光下闪耀着金光
我在楼上吃了新鲜的沙拉
在祖母香气扑鼻的厨房里
——艾丽西亚·恰森（Alicia Chiasson）

角色诗

角色诗，或者是以特定实体为主体的诗，可以拓宽想象空间，实现言语自由。在这类诗中，诗人“变成”了一件物品或者是一个概念，为它们发声。我们身边就有许多小物件，每一样都能激发你的创作灵感——飘落的树叶、燃烧着的蜡烛、考古发现的文物、历史素材、数字、数学方程式……学生要做的就是把自己和所要描述的对象联系起来，去了解，去欣赏，最后把自己“变成”它。让学生问自己一些问题，“我是什么感觉？”“我最喜欢自己的哪一点？”“我是怎么移动的？”“我会发出特殊的声音，有特殊的语言吗？闻起来如何？尝起来如何？”“我来自哪里？”“我平时的生活是怎样的？”“我相信什么？”“变成其他事物是什么感受？”

下面两首角色诗来自爱达荷州的两名5年级学生，他们在研究动植物细胞的时候创作了这两首角色诗。

我是一个红细胞

我是鲜红的血细胞
住在安静又湿滑的管道

细胞核是指挥官
“线粒体，再提供点能量！”
我身负重任
有时候工作有些单调
只有流动
和倾听心跳的声音
呼吸
这里的每一个细胞都是单独的个体
我们滑滑的，圆圆的
毫不费力地在静脉里畅游
我们是主人的必需品
离了我们，他将死去
丢了工作
我们也将命不久矣
我是一个红细胞
——爱达荷州的一名5年级学生

神经细胞的生活

我是一个神经细胞
等等！
消息来了！
可喜的是我是胞体上的突起
等等！消息来了！
我成功将它传递！

太棒了

我有一个得力的细胞核

否则我该抓狂

等等！消息来了！

已经迫不及待了

越来越兴奋了

我派上了用场

我赶上了消息

就像松鼠爬上了树

又来了一条消息！

再见！

——爱达荷州的一名5年级学生

年龄诗

让学生以“我现在刚满××岁”或以介绍自己的年龄为开头写一首诗。然后再让他们描写当下的生活，比如玩的游戏、朋友或老师的名字、学校庆典、家庭活动、夏日消遣、最喜爱的衣服和食物等。这类诗与《我来自》比较相似，但又不尽相同。年龄诗为学生提供了看待事物的新视角。学生也可以为历史人物、文学角色，甚至是科学原理创作年龄诗。

矛盾的十四岁

十四岁，不大不小

在清醒中感到迷惘，在快乐中感到悲伤

它是现实中的一场梦
啊！十四岁！
理智又抓狂、正确又错误、兴奋又悲凉
多么短暂，又多么漫长
年纪渐渐增长
我将缅怀这段美妙时光

——劳恩（Lown）、
斯坦伯格（Steinbergh）

诗歌形式

有些人喜欢自由体诗，但有些人需要以某种形式作为引导。写诗时，可以为学生提供多种选择，让他们照着框架来写。以下是一些可采用的诗歌形式。

藏头诗

藏头诗是围绕着一个主题词来写的。主题词的每一个字母都单独在其中一行里，连起来便是该诗的主题词。

七星瓢虫以蚜虫为食
（Ladybugs eat aphids）
它们外观美丽
（A ladybug is pretty）

害怕的时候会发出恶臭

（Disgusting smells come out when they are scared）

刚从蛹里出来的时候是黄色的

（Yellow when they come from pupa）

甲壳虫属于昆虫类

（Beetles are bugs）

能在高空飞翔

（Up in the sky flying high）

花园中能看到它们的身影

（Gardens are where you find them）

——弗赖尹（Frye）、特雷森（Trathen）、

施拉加尔（Schlagal）

注：本诗每行开头的字母分别是“L”“A”“D”“Y”“B”“U”“G”，连起来即“LADYBUG”，即“瓢虫”的意思。

五行诗

顾名思义，五行诗一共有5行。

第1行：2个字

第2行：4个字

第3行：6个字

第4行：8个字

第5行：2个字

捉迷藏

快来！

我躲得快

藏在橡树后面

嫩叶搭成的帐篷里

在这！

——玛丽·克莱尔·鲍威尔

（Mary Clare Powell）

植物

我是

一株植物

来自棕色种子

我需要空气、水、阳光

开花！

——玛丽·克莱尔·鲍威尔

钻石诗

钻石诗的第一行只有一个词，之后每行的词的数量逐行递增，增加到4个的时候开始逐行递减，最后一行再以一个词结尾，诗的形状就像一颗钻石。一首钻石诗可以描述一个概念。钻石诗的基本结构是：

第1行：1个词——主语/名词，与第7行相对应

第2行：2个词——形容词，形容第1行

第3行：3个词——动词，与第1行呼应

第4行：4个词——名词，前2个词呼应第1行，后2个词呼应第7行

第5行：3个词——行为动词，与第7行呼应

第6行：2个词——形容词，形容第7行

第7行：1个词——主语/名词，与第1行相对应

北极

北极

狂暴，偏僻

旋转、尖叫、结冰

驯鹿、冰屋……骆驼、帐篷

灼烧、炫目、呼啸

贫瘠、干燥

沙漠

——文森特（Vincent），13岁，来自印第安纳州

钻石诗可以从一个词转换到它的反义词：

早晨

早晨

明亮、无云

伸展、跳跃、早餐

学习、工作、娱乐、晚餐

放慢、休息、放松
寒冷、黑暗
夜晚
——玛丽·克莱尔·鲍威尔

钻石诗也可以用来描述过程：

毛虫

毛虫
多毛、细小
移动、进食、长胖
细小、绿色——多彩、美丽
入茧、生长、做梦
明亮、轻盈
蝴蝶
——陶菲·洛弗尔（Taffy Lovell）

清单诗

清单诗是最简单易学的诗歌形式。清单诗由一系列物品或事件组成，不限长度、不限韵脚，甚至可以不押韵。清单诗的写作范围很广，从“等待”到“困扰我的问题”，再到任何课程主题，任你挑选。例如，在学习动词和介词的时候，可以让学生写一首清单诗，诗的每一行都要使用一个动词或一个介词，题材不限。

秋天

甜美的气息
秋日的落叶
森林万紫千红一片
红的
橘的
黄的
凉爽的微风
蜷缩在我的毛衣里
红鼻子
热呼气
把苹果装进果篮里
咔嚓一口
果汁的甜蜜
淌到了下巴

具象诗

在具象诗中，诗歌文本的形式与诗歌所描述的主题是一致的。如果诗的主题是三角形，那么诗的形状也要是三角形的，如果诗的主题是树，那么诗也要是一棵树的形状。

俳句

俳句源自日本，由3行诗组成，第1行由5个字组成，第2行由7个字组成，第3行由5个字组成。俳句不用押韵，主题大多与大自然和季节相关。

四季更迭

百合花开了
宣告着新的季节
雪兔变了色

狐狸自由了
飞蛾翅膀腾热浪
金鱼游动了

冷风呼啸着
寒霜结在蛛网上
动物躲着了

世界变白了
片片云下片片雪
春天在哪呢

——一名5年级学生

分享诗歌

有时候，有些诗是写给自己看的，比如你想进行自我剖析，又比如你想保存某段记忆。但更多时候，诗是要与他人分享的。以下是帮助学生分享诗歌的一些方法：

- 小册子：小册子只有口袋大小，非常方便携带。学生可以把自己写的诗都抄进小册子里，印刷多本分享给父母或同学
- 贺卡：可以让学生在特殊的日子里制作诗歌贺卡，送给家人或朋友
- 公示栏：可以在教室里开辟一块区域供学生公开展示自己写的诗。在旁边放一些小册子、白纸、铅笔、钢笔、蜡笔、记号笔、贴纸、邮票、订书机和胶布，供学生使用
- 读诗会：诗只有被大声朗读出来，我们才能感受到它的音韵美。邀请家长、老师和其他班级的同学参加诗歌诵读会。学生可以在诵读会上诵读他们的原创作品，收获掌声

- 藏诗：可以让学生把自己写的诗藏在教室或家里的各个角落，叫其他人来找

本章小结

保罗·肯恩（Paul Janeczko）曾在《在中学阶段读诗》（*Reading Poetry in the Middle Grades*）一书中坦言，他希望在如今的文化中，他不需要再苦口婆心地强调诗歌的重要性。当今的教育经常忽视诗歌，仅仅把诗歌当成教学中的点缀。

《点燃教学热情：诗歌给予教学勇气》（*Teaching with Fire: Poetry That Sustains the Courage to Teach*）是一部极好的诗歌教学指导书目，这本书中不仅有许多好诗佳句，还有教师对每首诗的介绍。在介绍中，教师阐明了这首诗如何帮助她以新的方式拉近了自己与学生的距离。诗歌不仅帮助了学生，也帮助了教师自己。在人们眼中，诗歌通常是古板又浮夸的。桂冠诗人比利·柯林斯曾建议我们要“松松弦”，让诗歌变得更接地气、更真实。读完本章之后，希望你能意识到诗歌对于教师和学生的价值。2002年，一组学生参加了为期15天的“常驻诗人”培训项目。在项目中，学生需要进行读诗和写诗活动。培训结果证明，诗歌在提升学生表达性写作能力、批判性分析能力、阅读理解能力和扩充词汇量方面成效显著。更重要的是，在培训后的访谈中，我们欣慰地发现学生对于写作的兴趣越来越高了。之前

为写作和阅读发愁的学生均在本次项目中取得了明显的进步。

理解一首诗需要用到批判性思维能力，学生在读诗的过程中可以自然而然地锻炼此项技能。同时，他们也会对语气和音韵更加敏感。当他们自己写诗的时候，便可以利用这些技能。他们可以发挥创造力，表达自己的所思所想，他们的声音从而能够被他人听到。表达自我和倾听他人是每个人受教育过程中的必经之路。

思 考

1. 受过往经历的影响，你对诗歌的态度是怎样的？
2. 诗歌融入课堂之后，你会感到更自在吗？
3. 挑选一个下周要讲的内容。思考该怎样把诗歌融入这堂课？有哪些内容是可以和诗歌结合起来的？你要采用哪种诗歌形式？你要如何评估诗歌学习的效果？

第4章

将音乐带进课堂

什么是音乐？

在西方，音乐的基本构成要素包括音高、节奏、力度、和声、旋律、音色和织体。大多数音乐作品（无论是器乐还是声乐）几乎都包括这些要素，要是没有清晰的音调或者找不出旋律，这还算音乐作品吗？毫无疑问这也算音乐作品，因为你会发现很多音乐确实辨不出节奏或旋律。那么，如何定义音乐？要把代表不同文化和流派的音乐归到一起吗？锅碗瓢盆的敲击声是音乐吗？用铅笔轻轻敲击桌子就能创造音乐吗？当然可以。但这是如何实现的呢？噪声和音乐又有什么区别？

音乐是规律变化的声音（包括无声），通常包括节奏、旋律、和声和音高等元素。随意敲击一堆锅碗瓢盆，发出的声音就是噪声；但如果有节奏地敲击，这就是在创作音乐。破铜烂铁乐队（Stomp Out Loud）是美国纽约百老汇最具个性的打击乐表演团体，该乐队借助精心编排的打击乐和动作给音乐创作带来了巨大变化。破铜烂铁乐队的表演者会用椅子和垃圾桶等生活用品来创作美妙动人的音乐，而大多数人从来不会把这些东西当作演奏的乐器。如果扫帚或钥匙都能变成乐器，音乐创作将充满无限可能。

有些人不太懂音乐或看不懂乐谱，也不了解与音乐相关的复杂术语，但这无须担心。即使教师不懂音乐，甚至不知道音色的定义，也可以将音乐融入课堂。简单来说，音乐就是将有声和无声结合起来，从而产生美妙的声音。这不仅包括读乐谱、分析音符、和声、旋律，还包括倾听声音、创造声音，也可以理解为创造代表不同声音的音乐符号。不用完全模仿五线谱上的音符，只要创作的声音对作曲家或“读”乐谱的人来说有意义即可。比如波浪线可以代表风声，星号可以表示打雷；也可以运用不同的颜色，例如蓝色宽线条代表海浪声。教师可以让学生把创作的乐谱看作一张“地图”，表演过程就相当于“看地图”，再选一名学生作为“指挥家”协助整场演奏。发散思维、头脑风暴，并赋予音乐更广泛、更全面的定义，便能带来许多惊喜！

音乐可以瞬间治愈人心，帮助人们摆脱束缚，超越自我。

——埃尔顿·约翰（Elton John）

音乐为什么重要？

生命的萌芽始于母亲的心跳。我们每个人都有自己的节奏。从宏观的角度看，正是这种个人节奏将我们与宇宙万物联系在一起；从微观的角度看，它还与读写能力紧密相关。简单的儿歌和唱歌游戏就是语言流利度的一种体现。人们通常将音乐视为一种文化或语言的灵魂，音乐将人们联系在一起，提升身份认同感，从而增强归属感和凝聚力。音乐还可以鼓舞人心，不仅让我们热泪盈眶，还让我们彼此之间有了更多联系。

虽然音乐课是通识教育中一门独立的课程，但它也可以融入其他课堂，以提升教学效果。只有把音乐融入教育，才能促进学生全面发展，提高他们各方面的能力，如听说读写、逻辑推理、批判性思维、创造性思维等。英语学习者要想提高语言表达和运用能力，也需要借助音乐才能实现这一目的。音乐与语言学习有着直接的联系，因为音乐能够结合声音与符号、提高倾听能力、促进概念理解、拓展抽象思维。

当老师和学生一起创作音乐时，他们营造出了一种团体氛围，实现了社会响应与文化响应。我们努力使学生在课堂中获得归属感，让学生认可自我，让他们感觉到个人学习与学校教育之间的联系。将音乐融入课堂不仅可以实现这些目标，还能带来更多好处。

> 音乐是伟大的联结者。它具有不可思议的力量，可以把不同的人凝聚在一起。
>
> ——莎拉·德森（Sarah Dessen）

课程标准

音乐有助于实现语言、社会研究、科学和数学等课程的目标，推动文化响应教学，促进社交情感学习。在语言课上，学生可以创作歌词来描述细节、阐述主题、讲述故事或个人经历。有时候音乐可以帮助学生更好地理解信息、叙述事实、表达思想。在数学课上，音乐有助于学生发散思维，进行逻辑推理和定量分析，并学会利用已有条件得出准确结果。不同的乐器可以发出不同的声音，而人们在倾听中才能洞悉声音的奥妙。倾听和探索音乐是深入了解各种文化的途径之一，也让我们得以了解音乐创作的来龙去脉。探索“音乐”在各种文化中的呈现方式，能够拓宽我们的视野。例如，在加纳，没有特定的词来形容打击乐、歌唱家或舞蹈家，“音乐制作人”或“音乐创作”就涵盖了所有与音乐创作有关的内容。加纳人不在意谁是“最有才华”的音乐家，而是注重参与度，鼓励大家共同参与音乐创作。

探索音乐

1838年，美国波士顿当地一所学校开设了音乐课，可能就是从那时起，美国各学校开始教授音乐。因此，音乐家逐渐得到了人们的认可，能够光明正大地教孩子们音乐。音乐教育完全交给了音乐家，但是音乐家供不应求，这种变化带来的结果就是，许多孩子每周只上1节音乐课，甚至一次也没上过。

正是因为这一历史原因，如今许多教师对自己的音乐能力缺乏信心，并尽可能避免教学中的音乐活动，觉得把音乐教育的任务交给音乐家才最合适。但是，如果我们想把音乐真正融入课堂，想给学生带来更好的学习体验，就不能把音乐指挥棒完全交给音乐家。要想通过音乐来提升教学效果，就必须制定多种艺术教育策略，让每位教育工作者（包括音乐家和教师）都能发挥积极作用。换言之，每个人都必须参与音乐创作。

传统教学一直把音乐作为一门独立的学科，同其他学科区分开来。我们对音乐创作的认知通常就是狭义的唱歌，而且大多数教育工作者仍然认为，学生需要大量的机械练习才能掌握复杂的呼吸技巧、声乐技巧以及发音方式。很多教师觉得自己不太会唱歌，无法在课堂上教授音乐，因此他们更乐意在课堂上放一张唱片。至于唱歌？还是交给音乐家吧。对大多数教师而言，这种观念早已根深蒂固。

有关研究表明，对“歌手”的不同定义也是一种文化现象。西方文化创造了“歌手”这类人，那剩下的人自然就不是歌手。有研究认为，一个人要想成为一名歌手，就必须充满自信，性格外向，声音优美动听，拥有音乐表现力和唱歌天赋，还创作过很多歌曲。

只有少数人才能成为歌手的观念来自西方文化，并非所有文化都认可。在一次采访中，来自巴巴多斯（北美洲国家）的奥尼卡（Onika）说："在巴巴多斯，每个人都会创作音乐，我们可以随时随地唱歌和跳舞。当我在巴巴多斯演唱自己创作的歌曲时，我就是一名歌手。但要是在美国，我就不是歌手。"在加纳，根本就不存在"歌手"这个概念。对加纳人来说，音乐是打鼓、跳舞和唱歌的统称，它体现在生活的方方面面。音乐的作用是将人们汇聚在一起，传递重要的文化、政治和教育信息。如果问一个加纳人他是不是歌手，他会感到十分困惑。这个问题毫无意义，因为在加纳，每个人既是歌手，又是舞蹈家，同时还是鼓手。对加纳人来说，音乐创作重在参与，而不是歌唱得有多好听、鼓打得有多棒。参与之所以至关重要，是因为合作与联系才能成就音乐创作。作为教育工作者，我们应当借鉴此类方法。

将音乐融入课堂

教育工作者面临的挑战是，我们能接受另一种音乐创作方式吗？我们可以抛开"歌手"的概念吗？如果不再强调音乐能力，而聚焦于音乐创作在文化响应教学和社交情感学习方面的作用呢？如果我们真能做到这样，那就有可能创造一个人人都是音乐家、人人都会唱歌的教育环境。要想充分发挥音乐在教育中的作用，不仅要把音乐作为一种有价值的艺术形式，还要把音乐当作重要的学习手段，让每个人都参与到音乐创作中。

思维方式的转变有助于我们了解什么是真正的音乐创作。对许多人来说，音乐无非就是唱歌、读乐谱、演奏乐器。如果学校里的音乐课由音乐家来教，那就变得有趣多了。或者让音乐家带领学生晨读，那我们听到的就不只是朗朗书声，还会有美妙的歌声。作为教师，该如何把音乐融入教育呢？以下是一些参考：

- **拓展音乐思维**。音乐创作的形式多样，不仅包括唱歌或演奏传统乐器，还包括有声和无声的节奏变化
- **教学生倾听**。探索声音——发现声音、发出声音、注意各种各样的声音。告诉学生不要忽视他们听到的每一种声音，鼓励他们积极讨论这些声音
- **注重参与，而非技能**。音乐可以提升教学效果和学习效果。音乐教育不是教给学生特定的音乐技能，而是让每个人在开放的音乐体验中获得参与感
- **营造良好的参与环境**。教师应制定明确的标准，与学生共同参与音乐创作，但是不要对学生的演唱水平做出褒贬评价。可以先录一首歌放给大家听，待学生熟悉之后就关掉录音。要明白唱歌不是为了选出“歌手”，而是为了借助歌曲提升教学效果，在课堂上营造一种“合奏”的氛围。重点不是每个声音是否完全合拍，而是整体的参与度，要让每个人都参与其中

教学生学会倾听

我们经常忽略音乐的基本组成部分，也想不到要教学生“听”音乐。作为教师，你每天会让学生听哪些内容？倾听需要练习。如果我们认可音乐的基本定义是“有声和无声的节奏变化”，那么关注声音就必不可少。没有什么是比锻炼学生的倾听能力更重要的了！探索声音、提高倾听能力是音乐教育的第一步。

学生在听故事的同时，识字能力也会得到加强。同理，倾听也有助于

提高学生的音乐能力。虽然倾听是一项简单的活动，但它发挥着十分重要的作用。倾听能够培养专注力、注意力、辨别力、分类能力等。因此，倾听是将音乐融入教育的好方法。

很多教师在课堂上不厌其烦地要求学生认真听讲。如果不给学生提出这样的要求，他们就会走神，甚至连课也听不进去！这并不奇怪，因为在当今世界，我们被各种声音环绕。走进超市、商场、机场、火车站、汽车站、酒店或任何其他公共空间，你都会听到扬声器里响起的“音乐”或传来的通知。我们的生活充满了汽车的喇叭声、飞机的轰鸣声和人群的喧闹声。随着科技不断发展，越来越多的人使用手机、耳机、平板电脑或其他电子设备来愉悦双耳，这带来的后果就是几乎所有人都不知道如何倾听了。每天都有各种各样的声音围绕在人们耳边，因此人们就要在听到的声音中进行取舍，但不幸的是，有些学生选择了“忽略”老师的声音！

打开耳朵，积极倾听。下面介绍的聆听散步法简单易懂，适用于所有学生，且各种课程教学都可采用。听力练习有助于扩大词汇量，特别是对学外语的学生来说，其效果更为显著。聆听散步可以借助多种方式进行，如让全班学生一起散步，并记录他们漫步时听到的声音；也可以让学生在家里聆听散步，并在网上分享他们的发现或者和朋友当面交流心得。

导入活动：聆听散步法

1. **准备活动：**在教室里花两三分钟的时间让学生静下来去倾听。问学生听到了什么。灯管的滋滋声？纸张翻动的沙沙声？咳嗽声？脚步声？呼吸声？这是聆听散步法的第一步。
2. **解释聆听散步：**告诉学生现在要开始聆听散步。每个人都必须安静地散步。唯一的任务就是听——聆听各种声音，包括自己可能发出的声音（如心跳声、衣服摩擦声、脚步声、咳嗽声、呼吸声等）。让学生尽可能记住他们听到的所有声音。

3. **开始聆听散步：**一旦开始散步活动，告诉学生必须保持安静。如果不能到公园去，在校园里进行聆听散步同样能起到很好的效果，因为校园里充满了各种声音！散步时间视情况而定，5—10分钟就可以。有条件的话，可以让学生拿着纸和笔，写下他们听到的声音。如果是幼儿园的孩子，可以让他们想象自己背着书包，然后假装把声音放到书包里，回到教室后，再让这些孩子想象自己打开书包拿出声音（参见下文中的“声图示例”）。这项活动非常简单，只要有空闲时间，无论在校内还是校外都能进行。

4. **返回教室：**回到教室后，让学生进行小组讨论并写下他们听到的声音。然后问学生以下问题：

   • 天空中有什么声音？你周围有什么声音？
   • 哪种声音最大？是不断变化的声音吗？是嘈杂的声音吗？还是奇怪的声音？
   • 你最讨厌哪种声音？
   • 你最喜欢哪种声音？
   • 你认为最美妙的声音是什么？

   根据学生的实际情况调整上述问题。在这一过程中，重要的是倾听，要让学生注意到他们每个人的想法都不一样——虽然大家都走了同样的路，但并不是每个人都听到了同样的声音。

5. **评估：**观察学生在散步时的表现以及后续参与讨论的情况。他们能描述声音的品质（音色）、声音的强弱（响度）或声音的高低

（音调）吗？他们如何描述自己听到的声音？又是怎么倾听他人的回答和讨论的？

聆听散步与课堂教学

- **语言艺术课：**口语和听力对语言类课程十分重要。借助聆听散步法，学生可以学会如何倾听彼此，提高自身的倾听能力。在记录各种声音的同时，学生不仅积累了词汇，也提高了基本的写作水平。在大多数情况下，学生只会借助外观来描述物体，从未想过声音也可以。但通过聆听散步，学生会试着用各种词语描述声音及其带来的听觉感受。要想进一步拓展课堂教学，可以让学生在文学世界里进行聆听散步，如写一篇记叙文来描述他们听到的某种声音，或者讨论拟声词的含义；也可以让学生创造新词来描绘他们听到的声音。除此之外，学生还可以根据自己对声音的描述创作一首“有声”诗歌
- **社会研究课：**正确运用聆听散步法可以加深对社会研究领域的理解。在聆听散步活动结束后，让学生讨论他们听到的声音。接着让学生把自己想象成不同时期的人（如18世纪末西进运动时期坐在马车里的旅行者、抵达埃利斯岛的移民、参加印第安人聚会的客人或“五月花号”帆船上的乘客），思考他们可能会听到哪些声音
- **数学课：**聆听散步结束后，让学生写下特定声音的节奏变化，如高—低—高—低或强—弱—强—弱。让学生创造各种表示声音的符号，然后把这些声音符号画出来。或者把学生分成小组，让他们讨论不同的声音类型，如高音低音、强音弱音、人声、金属

声、本位音、电音等。哪些声音会有多种来源？让学生以图表的方式将声音分门别类

- **科学课：**可以让高年级学生讨论有关噪声污染的问题。或者将科学与声音联系起来，比如让学生想一想哪些声音消失了，问他们："为什么声音会消失？还有哪些声音即将消失？"帮助学生练习如何辨别音调，让他们按照高音、低音、中音对听到的声音进行分类，并讨论什么是频率。教师可以在课堂上加以演示——往玻璃杯中倒入不等量的水，敲击杯子，然后让学生判断每个杯子发出的声音会有何不同。也可以选择在一个大锡罐或一个无盖的纸箱上系一根钓鱼线或铁丝，拨动钓鱼线或铁丝使其发出声音，再换一根较短的铁丝进行同样的操作，然后让学生判断声音会发生什么变化
- **视觉艺术课：**聆听散步结束后，让学生回想他们刚刚走过的地方，并把在那里听到的声音画出来。教师要指导学生画出声音，而不是画出他们所看到的东西。例如，如果他们听到风声，就应该画出风是如何吹动树叶的，而不是简单地画一棵树。然后问学生："声音有哪些颜色？声音是什么形状？是用曲线还是直线画这种声音？"完成创作后，让学生相互欣赏彼此的画。艺术家保罗·克莱（Paul Klee）将旋律描述为"漫步时的一种曲调"。因此还可以问学生："你散步时听到的声音是不是一种美妙的旋律？你能把它唱出来或描述出来吗？"让学生运用各种线条、形状和颜色将声音画出来（图4.1）。

图4.1　声图示例

图片来源：谢伊（Shea），纽伯里波特，马萨诸塞州

音乐与课堂教学

下文提到的一些简单的声乐活动适用于所有学生。不需要任何专业的音乐知识或技能，就可以轻松进行这些活动。

声音日记

声音日记可以说是聆听散步法的延伸。让学生每天花几分钟在一个特定的地方聆听声音。每次聆听时，学生都应该在声音日记中写下他们听到的内容，同时把这些声音画出来。问学生：“你画的声音是什么样的？

有哪些颜色？是什么形状？”这个练习有助于将声音与视觉艺术（如线条、形状和颜色）相结合。

声音日记还是扩大词汇量的一种手段。让学生写一篇关于声音的文章，尽可能详细地描述他们听到的声音，以及对声音的思考。一般来说，学生们擅于用形容词来描述看到的事物，而忽略了声音的作用。此类声音练习则有助于提高学生的词语发音意识和写作能力，对学习语言类课程大有裨益。参见图4.2中的声音日记。

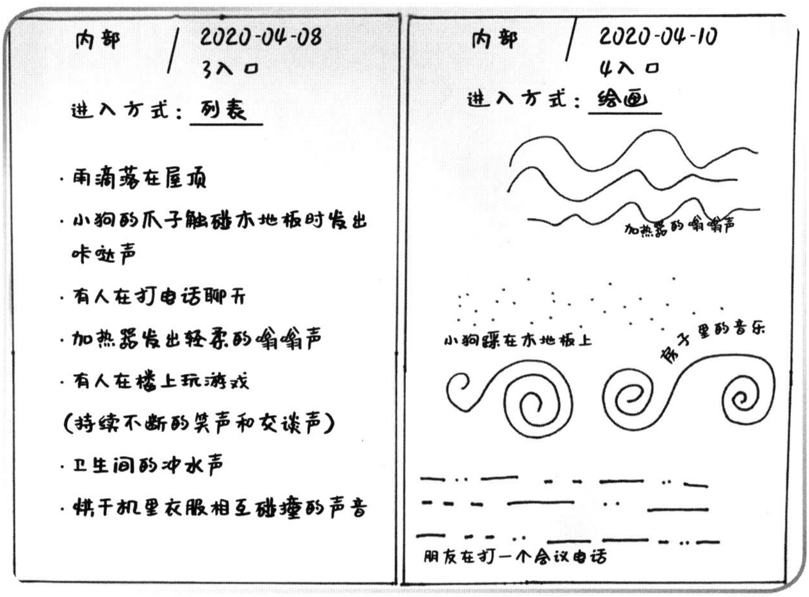

图4.2　希拉丽·戴马雷（Hilary DesMarais）提供的声音日记示例

声景（声音环境）

声音可以让故事和历史事件的讲述变得更加生动。教师可以让学生完全从声音这一角度分析特定事件或情况，从中辨别各种声音，并鼓励他们对声音进行排列组合，以准确再现原声环境。学生可以自己发出声音或借助生活用品来重现声景，在互联网上也能找到很多录音资源。但问题在于如何有效利用这些声音。在听众闭着眼睛聆听演奏时，演奏者要通过声音使现场“活”起来，让听众沉浸在声景中。无论声音环境是雨林、沙漠绿洲、火箭发射现场还是书中的某个故事情节，都要尽可能准确地重现声景，给听众带来身临其境的感觉。学生在创造和排列声音符号的过程中需要将写作、数学和讲故事的能力结合起来，才能营造完美的声景。他们还可以虚构乐谱或声音图画以配合演奏。学生就像“总导演”，可以决定如何运用颜色给声音编码、如何绘制声音符号。

> 声景是声音的集合，就像一幅画是视觉元素的集合。当你仔细倾听声景时，就会发现声音无比神奇。
>
> ——R.默里·谢弗（R. Murray Schafer）

为激发学生创造声景的灵感，可以先给他们播放本田汽车广告的未剪辑版，再播放最终剪辑版（因为在剪辑后的广告中，各种汽车的音效都来自声景）。

字中的音乐节奏

首先，让每个学生打着节拍说出自己的名字，通过这种方式，名字就有了节奏感。例如，这个名字就有4个音节：Clay/ton/Tal/bert。让全班学生都按照音节划分自己的名字并有节奏地念出来。

第一轮，每个学生把自己名字的音节划分告诉大家，同时其他学生要和他一起念出来，第二轮只需要念自己的名字，其他学生不用跟读。这时候要让学生仔细听其他人是如何念自己名字的，有没有相同的名字节奏？

比如，Susan Fisher（苏珊·费希尔）与Clayton Talbert（克莱顿·塔尔伯特）这两个名字的节奏就是一样的。

然后，可以根据音节划分，用乐器把名字演奏出来。如果没有乐器，可以利用身边的东西，比如用铅笔轻敲笔记本，摇晃装有回形针的塑料瓶，或者轻敲尺子。环顾教室，一定可以找到能发出有趣声音的东西。让每个学生用“乐器”演奏自己的名字，之后问学生这些声音与掌声有什么区别。

接下来，让学生把所有人的名字连起来创作一首曲子，即合奏。这个环节并不是为了教学生怎么唱自己的名字，而是营造集体氛围，让所有学生都参与音乐创作。如果学生第一次合唱参差不齐，也没有关系。交流和练习一样重要，试着与学生共同分析原因，如何让合唱充满旋律？这意味着，可能需要稍微调整一些名字的节奏才能让曲调更加和谐：Clay/ton/Tal/bert可能需要变成Clay/ton/ /Tal/bert，在前两个音节和后两个音节之间停顿一下。

让学生创造音乐符号记录他们的名字节奏，并把它画出来。图4.3就是一种名字节奏音符。

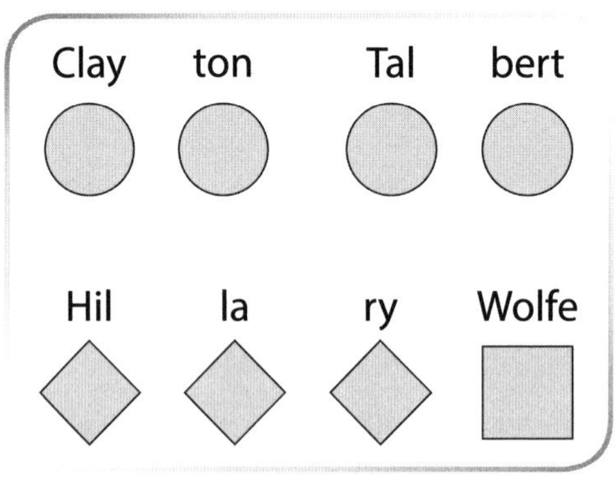

图4.3　名字节奏音符

让学生比较他们画出来的名字节奏音符有何异同，唱的时候又有哪些相似之处。班上都有谁的名字音节划分一样？名字节奏音符也完全一样吗？是否有些相似？让学生把这些音符图画作为声谱，演奏彼此的名字。

这项练习与重要的学习能力息息相关，如认知识别、将符号转换为声音（一项基本的读写技能）、抽象思维、逻辑推理、倾听以及团队合作。

声谱

大多数人都认为乐谱是由五线谱上的音符组成的，但除此之外，还有多种方法可用来记录音乐。鼓励学生用各种符号和配乐创作自己的乐谱，这有助于培养他们的创造性思维、批判性思维以及抽象思维。声谱是一张简单的图，用符号告诉读者或“音乐家”如何演奏作品；声谱也可以用来记录声音，例如可以用符号表示出现暴风雨时的声音（图4.4）——通过摩

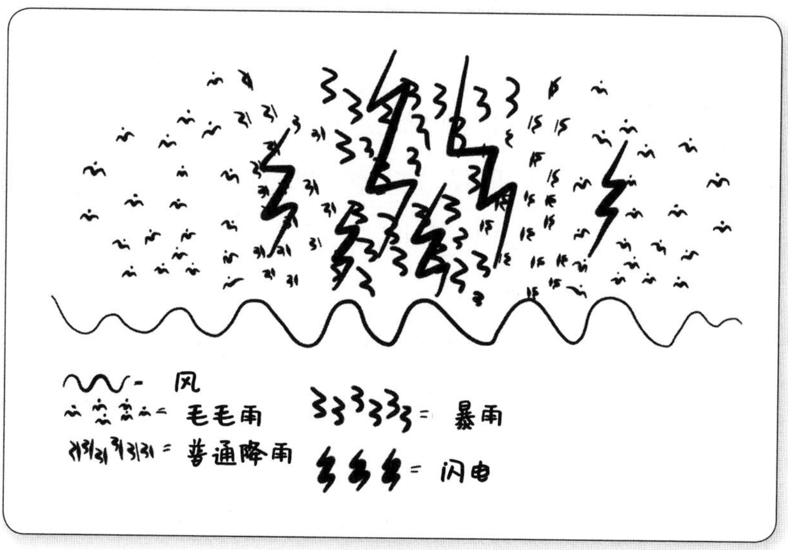

图4.4 暴风雨声谱

擦双手、拍手、弹指等。

让学生独立或分组创作声音乐谱，创作内容可以和任何课程相关（如社会研究、科学、数学或语言艺术等）。例如，学生以声谱的方式描绘龙卷风、雨林漫步或小说的精彩部分。

探索声音

让学生探索家中有趣的声音。告诉学生要找的不是乐器，而是可以用来发出有趣声音的生活用品。如果学生在家里找不到这类物品，也可以让他们用教室里的东西（尺子、铅笔、橡皮、笔记本甚至垃圾桶等）来制造有趣的声音，或者教师从自己家里带一些能发出有趣声音的东西。让学生现场演奏这些有趣的声音，然后说一说他们自己的想法，并用相应的声音词汇加以描述，如强音、弱音、金属声、敲击声、本位音或电音。

> 音乐……展现智慧，触动情感……学生缺乏社交情感技能，我们要让学生掌握这项能力。听音乐就是很有效的方法！
>
> ——伊丽莎白·彼得森（Elizabeth Peterson）

让每个学生用3种不同的方法来演奏他们找到的“乐器”，这样就可以产生3种不同的声音。例如，学生可以用削笔刀刮铅笔、用铅笔轻敲削笔刀或者让铅笔在削笔刀上来回滚动。

探索声音的过程也是一种学习过程。让学生结合数学方法给声音分类，需要注意某些声音是否属于多种类别。然后把学生分成小组，每个小组选择一类声音进行音乐创作，并用图表或表格画出来。

还可以让学生用声音进行故事创作，全班一起或分成小组来练习皆可。首先，问学生这些声音会让他们想到什么。然后，让一个学生以某种特定的方式演奏声音（比如用削笔刀刮铅笔），剩下的学生则闭上眼睛倾听。这时候让学生们思考，这声音听起来还像什么？可能是马达启动的声音，或者是猪的咕噜声！用笔划笔记本听起来可能像小虫的嗡嗡声，用手拍打笔记本发出的声音听起来像是脚步声。让学生以这些奇妙的声音感受为灵感，利用各种音效创作自己的故事。这个练习有助于培养学生的抽象思维，锻炼他们的想象力和创造力。

歌曲创作

网上有很多歌曲都能作为现成的教学资源。虽然这些歌曲也能辅助教学，但要让学习真正充满意义，就要让学生发挥创造力进行歌曲创作。毫无疑问，唱自己写的歌能带来更好的学习效果，因为许多人即使成年后也会唱字母歌或背诵月份歌。在《关键环节：艺术学习、学业成绩和社会发展》（*Critical Links: Learning in the Arts and Student Academic and Social Development*）一书中，编辑理查德·迪西（Richard Deasy）引用了几项研究来说明音乐创作如何提高学生的逻辑推理能力和写作技能，并提升英语学习者的语言水平。

学生更容易记住自己写的歌，即使是创作新歌，他们也完全可以采用熟悉的旋律。让学生参与歌曲创作不仅有助于提高他们的学习能力，还能增强他们的创造力、想象力以及团队合作能力。其实在参与过程中，学生就已经受到潜移默化的影响。在学生根据所学知识创作歌曲的同时，他们的语言表达能力和作曲能力都得到了提高。

创作歌曲最简单的方法是让学生根据他们熟悉的旋律写歌词。这些曲调通常是他们小时候听过的旋律，因而很容易进行改编，如“老麦克唐纳有一个农场”（Old MacDonald Had a Farm）、“蹦蹦跳跳找伙伴”（Skip to My Lou）和“小船摇啊摇”（Row, Row, Row Your Boat），也可能是其他外文歌。学生可以选择大家都熟悉的歌曲或其他任何简单易学的旋律。将选择权交给学生，让他们自由发挥。

创作诗歌

除了创作关于特定主题的歌曲之外，还可以让学生创作诗歌，这是记忆知识的有效方法。诗歌主题不限——如水循环、大陆名称、长短元音、数学长除法或课堂纪律等。学生要做的就是创作一首充满节奏感的诗歌，如果能押韵就更好了。说唱是一种特殊的唱歌形式，许多学生都很乐意采用说唱的方式创作诗歌。

通过下述例子，你就能明白如何将诗歌创作融入课堂教学。来自马萨诸塞州的中学教师艾米丽·马图尼斯（Emily Matunis）设计了一堂诗歌课，其课堂教学目标如下：（1）让学生掌握重要词汇，理解地震波的3种类型；（2）教学生利用各种节奏和音调提升韵律感；（3）让学生在课堂合作中创作诗歌；（4）鼓励腼腆的学生在课堂上进行展示。可以说这堂课将科学与艺术完美结合，学生们在课上不仅创作了一首充满韵律的诗歌，还设计了与诗歌内容相关的肢体动作，学习效果显著提高。

制作乐器

学生可以利用各种材料制作简单的乐器，制作乐器的过程也是探索声音的过程。这一活动可以融入科学、数学、语言艺术等课程。比如，在制作乐器的同时，学生不仅可以了解声音、声波和振动的特性，还能学习如何运用科学和数学方法分析声音的属性；把描述乐器声音与创作故事、写诗歌相结合，便能实现音乐与语言艺术的融合。制作乐器还能够帮助学生了解各种拟声词，甚至帮助学生理解什么是隐喻和明喻。如让学生制作雨棒[1]，然后写一首诗描述雨棒发出的声音。问学生："你制作的雨棒会发出什么声音？是一阵嗖嗖声吗？这声音让你想起了什么？是暴雨还是大海？"除了制作雨棒，也可以让学生自制风铃。总之要鼓励学生探索声音的各种可能性。在课上带着学生朗读谢默斯·希尼（Seamus Heaney）的诗《雨棒》（the Rain Stick），给学生讲诗中的拟声词和诗的韵律。然后让学生模仿希尼的《雨棒》，创作自己的诗——"挥动雨棒，接下来会……"下面是C. 德菲利普·梅因（C. DeFilipp, Maine）写的有关雨棒的诗：

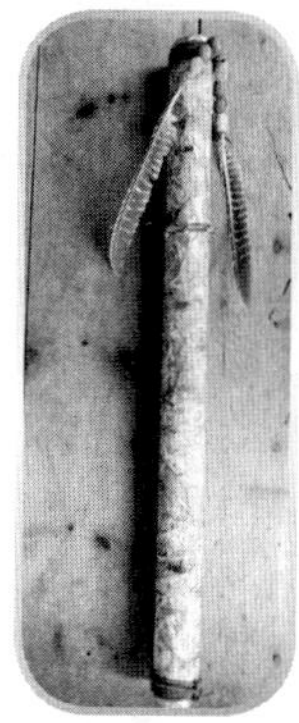

C. 德菲利普·梅因制作的雨棒

挥舞雨棒，会出现什么景象？

倾盆大雨在牛顿定律的牵引下瞬间落地

所有雨滴在一阵狂暴声中，嗖嗖地飞起，像天使瀑布或其他美丽的东西……

雨水流走无法回避，所有高的终会变低，雷声咆哮打破万籁俱寂

---

[1] 又称"雨棍"，是一种世界音乐乐器，起源于远古时期的干旱地区，是传统仪式中的祈雨器具。

“配音”故事

在给学生讲故事时，添加音效可以让故事听起来更加生动。自己模仿各种声音或是借助教室里的东西都能制造音效，例如当讲到一头山羊在桥上绊倒时，就可以跺脚或拍手以模仿摔倒声；如果故事里讲到门铃响了，就大喊一声“叮咚”。在接下来的故事中，试着让学生给故事“配音”，也可以让学生根据故事内容创作歌曲或诗歌。如果课堂上讲到青蛙，让学生学青蛙叫；如果讲到龙卷风，就让学生模仿狂风呼啸。最后，还要通过肢体语言告诉学生何时停止发出声音。在学习给故事“配音”时，可以选择《把雨带到卡皮蒂平原》（*Bringing the Rain to Kapiti Plain*）这本书作为练习材料。

唱歌游戏

人们可以通过许多诗词游戏、拍手游戏和歌曲接龙更好地了解文化。有很多与此相关的社会研究，比如跳绳儿歌就蕴含着某种文化信息。在此类唱歌活动中，游戏地点、游戏参与者和游戏规则很重要。如果学生能和家长共同参与文化类游戏，彼此交流文化故事或合唱充满文化气息的歌曲，那就更好了。

传统民歌

民歌是理解文化和历史传统的有效途径，因而有助于学生学习社会研究这门课。不同历史时期都有大量代表不同文化的歌曲，如美国内战和独立战争期间的歌、工业革命时期的歌，甚至是磨坊工人写的歌……数不胜数。

有许多介绍世界各地音乐的书籍和网站，从民谣到宗教歌曲，内容多样。学生可以从这些资源中了解历史和文化。教师可以先让学生听两首不同的歌，接着看歌词，分析作词家试图表达的信息，然后让学生比较两首歌的主题思想有何不同。

本章小结

音乐创作让我们感受到爱与关怀，在这种氛围之下，每种声音都能得到倾听与认可。如今的教育环境更加多样化，因此必须为个人和群体创造更多发声的空间。尼克·佩奇（Nick Page）认为，共同创作音乐有助于实现社会“民主”，让每个人在参与过程中形成主人翁意识。这不仅让音乐充满无限可能，也会让舞蹈、诗歌、视觉艺术、戏剧等其他艺术形式更加丰富多彩。一旦我们不再拘泥于歌手、舞蹈家、艺术家等定义，就会有更多收获。当文化和社会超越界限、相互交融，思想和创造力就能完全得到释放。

音乐兼具多样性和包容性，无论音乐创作形式如何，它都能将人们聚集在一起，营造归属感，确立共同目标。音乐才华不是焦点，我们并不是要选出最佳歌手，声音共鸣才是值得关注的地方。此外，还应意识到音乐创作能够促进学习，是评价学习效果的新方式。音乐能够教会学生如何倾听，在自省中追求卓越。将音乐融入教学是提升教学效果的重要手段。这并不是说需要唱得好听、节奏合拍，或者是能读懂乐谱，而是说需要创造良好的学习环境，以提高学生的参与度和积极性。

教育工作者任务艰巨，一直在想方设法激发学生的学习潜能。只有充分了解每个学生，做到因材施教，才能使学生充分发挥自身潜力。而将音乐融入课堂就是个不错的选择。

思 考

1. 你接触的音乐文化是什么样的？你从小唱什么歌或者听什么歌？你平常会听什么音乐？
2. 班里学生的音乐文化背景有什么不同？如何尊重这些差异？
3. 当学生参与音乐创作时（如唱歌或写诗歌），你是否注意到他们的表现与平时不太一样？音乐给课堂教学以及学生学习带来了哪些变化？
4. 如何将音乐融入你的课堂？

第5章

视觉艺术：通过图像理解内容

什么是视觉艺术？

美国国家艺术教育协会将视觉艺术定义为“包括素描、油画、版画、摄影和雕塑等美术艺术；包括电影、图文、动画和新兴技术等媒体艺术；包括建筑、环境和工业艺术，例如城市、室内、产品和景观设计等；包括民间艺术；包括陶瓷、纤维、珠宝、木材、纸张和其他材料的艺术作品”。

人类运用符号交流是一项常见且古老的活动，在不同的文化中，该活动的起源不同，产生的影响和意义也不尽相同。一方面，我们通过图像看世界，也就是说，在阅读文字之前，我们看图像并做标记。另一方面，我们创造图像来认识世界。视觉艺术反映着我们所生活的世界。艺术有助于我们认识自己的生活、文化，了解自己和他人的过去。我们通过保存下来的艺术作品了解历史和文化。随着时间的推移，艺术不仅诠释文化叙事，而且重塑文化叙事。艺术家根据图像提出问题、发表意见、形成新创意。艺术家兼活动家法维安娜·罗德里格斯（Favianna Rodriguez）指出，艺术是一种促进情感沟通的世界通用语言。她说：“艺术所传递的内容直击人心，能够引起心灵共鸣，所以只有艺术能表达我们对世界的想法。人们参与艺术活动的方式较为独特，和看政策文件、阅读新闻文章、参与抗议活动截然不同。”。

> 课堂上所用的图像要精心设计，虽然这事不难，但对课堂氛围有很大的影响。如果学生感到自己受重视，便会更加投入地学习。
>
> ——莉迪亚·阿吉雷（Lidia Aguirre）

F. 罗伯特·萨博尔（F. Robert Sabol）写道：“根据神经科学知识，人类大脑的很大一部分用于处理视觉刺激，解码视觉信息，但是我们正被电视、电脑、数字通信设备和印刷媒体上铺天盖地的视觉图像和信息所淹没。”

视觉艺术为什么重要？

艺术是我们日常生活的一部分，具有很大的影响力和感染力。我们怎样寻找更多机会，来创造、观察和分析视觉文化呢？视觉艺术适用于许多非艺术学科的课程，并且能自然地融入其中。绘画有利于提高学生的注意力和细节敏锐度，从而培养学生的好奇心以及观察能力。创作心理图像有助于提高学生的阅读能力。一方面，教师可以注意到学生写作中的问题；另一方面，学生创作心理图像时，有利于其明确写作论点，丰富写作内容。在科学课上，观察是基础。在数学课上，可视化尤为重要。图像在课堂上的运用创造了同世界交流的新方式。当你准备下节课时，为什么不从看开始呢？

学生通过创作和欣赏艺术作品进行学习。这样可以让学生了解艺术作品的创作过程以及遇到的困难，并从中汲取灵感。本章将探索如何提高学生的视觉艺术素养，如何描述艺术选择，如何鉴赏他人的艺术作品，从而找到表达自我的方式，并思考艺术在视觉文化中的作用。

数据研究表明，视觉艺术有助于提高学生的学习成绩。艺术具有差异化和多样化的特点，所以课堂也变得更为包容。在课堂上，视觉艺术用非文本、视觉化的内容，为参与者（师生）提供了一个展示学习效果的平台。古根海姆博物馆进行的“艺术识字”研究表明，视觉艺术教育提高了学生的读写能力。“参与该研究的学生学习效果显著，和未参加研究的学生拉开了距离。他们在6类读写能力以及批判性思维方面（描述、假设和推理）表现更为优异。”赫特兰（Hetland）等人在《工作室思维2：谈艺术教育好处》（*Studio Thinking 2: The Real Benefits of Arts Education*）一书中表示，上艺术课有助于学生拓展8个工作室思维习惯，具体包括：开发工艺、参与和坚持、设想、表达、观察、反思、延展和探索、理解艺术社区。显而易见，在课堂上运用视觉艺术有助于学生进步。视觉艺术和课程内容相结合，有助于提高学生的学习效果。

研究表明，艺术教育有助于提高学生的理解能力、参与度，以及长期记忆力。在课堂中，视觉艺术也有助于提高学生对文化差异性和共性的鉴赏力。

课程标准

视觉素养至关重要。随着数字艺术媒体的发展，学校支持远程教育，对教师的教学要求也越来越高。因此，学生亟须掌握更多科学技术。学生要阅读可视化展示中的文本，并对文本进行逻辑梳理，明晰中心思想，解释单词及短语的含义（尤其是比喻意义），还要鉴赏可视化展示中的内容。通过视觉艺术，学生能够表达自己对复杂文学文本和信息文本的理解。当学生鉴赏自己和他人的视觉艺术作品时，既能够条理清晰地表达自己的观点，又能在他人的作品中找到共鸣，并做出自己的评价。

观察和阐释视觉图像

每门课程都包含视觉元素。学生可以从视觉世界中汲取知识，由此强化对课程内容的学习。与理解文字不同，人们对视觉信息的理解是开放式的，所以视觉信息有助于学生理解内容、创造意义。一般来说，图像中有大量信息，有助于学生在课堂上对其探索讨论，从而提高学生的写作能力。仔细想想，学生们在描述视觉信息的过程中，会关注图像特征、画面细节，因此他们的写作会更充实、更详细。

观察是视觉艺术的核心，贯穿视觉叙事和语言叙事的全过程。教师创作视觉图像，让学生基于观察为图像添加文字。本质上，情境不同，观察的结果也不同。因此，同一图像在不同课程中呈现的意义也不尽相同。

视觉图像创作

若学生能够自主选择创作材料，并思考如何用艺术元素传达意义，那么艺术创作便是一种积极的学习方式。艺术创作将学生的想法以作品的形式呈现出来，不仅有利于融汇想法，而且有利于接受评价。给学生准备一些艺术材料，教授工艺技巧，让学生通过图画、黏土、绘画工具、照片、纹理纸和其他媒介亲身体验创作过程。学生就材料选择问题和同学交流时，会发挥分析、评价等高阶思维能力。另外，学生会思考如何用手头的材料将想法视觉化。

视觉艺术元素包括线条、形体、形状、颜色、纹理和图案。学生可以运用视觉艺术元素构建意义、表达想法。例如，他们需要选择线条的颜色，之后解释选择该颜色的原因。当进行艺术创作的时候，学生首先获取信息，然后用艺术元素表达自己的看法。因此，学生在创作过程中会学习艺术元素，而且用艺术元素构建意义。

视觉展示适用于各个领域。学生将抽象概念具体化，将视觉艺术和数学学习目标结合起来。例如，用黏土制作几何形状的容器，之后借助模型学习周长。学生绘制故事板讲解自己创作的童话故事，这提高了学生的理解能力和描述性写作能力。当学生描写故事情节时，图像和文字共同作用，赋予学生灵感，令写作细节更充实。学生需要发挥想象力，产生新想法，创作二维或三维画作来表达想法，由此证明已达到课程标准。

在视觉艺术实践中，学生可以将艺术作为自己的语言。艺术和写作一样，都没有公式可言。即使学生画画不好，或不了解艺术元素，也可以参与到视觉艺术的创作之中。教师则引导学生发挥想象力，让学生意识到试错是实践的一部分，艺术是每个人独有的表达方式。

学生的想法和他们创造出的视觉艺术有什么不同？想法和结果之间总会有“意外收获”。艺术令人兴奋，是全然一新的，因为学生不知道会发生什么。在视觉艺术中，创作才是关键。教师给予学生相同的指导，但学生们的理解不尽相同，呈现的学习效果因而也多种多样，这便是视觉艺术的创作过程。这样一来，学生之间相互学习，既能展示自己的学习成果，也能诠释对学习内容的独特理解。

导入活动：故事板

这是一堂让学生进行视觉思考的导入课，学生将根据课程内容创作图像。告诉学生，他们需要创作一个故事板来诠释对概念的理解。故事板可以是一个完整的故事（开头、中间、结尾），可以是对科学过程的描述（化学反应、循环系统的路径、植物生长过程），也可以是对一个历史事件发生的原因的探讨。图像的运用有助于学生运用比喻技巧，从而最终充实写作。

1. **绘制草图：**这一步决定了视觉叙事所需要的画板数量。将一张报纸折叠、展开，在折叠出来的正方形和矩形区域绘画。让学生在报纸画板上施展才华，先用铅笔画个大致的草稿，之后在故事板上加以完善。让学生知道，计划和实际总会不太一样，毕竟他们不是在重复内容，而是在报纸画板上寻找思路、发散思维、构思作品，这样最终的故事板上才会呈现出创作成果。总之，让学生在计划阶段构思好布局，这样他们就会思考如何利用每个面板的空间。
2. **故事板：**如果学生画好了故事板的草图，便可以着手完善，创作出成品。同时，学生可以给图像添加文字，这有助于学生寻找文字和图像的关系，从而促进新想法的产生。让学生自主选择视觉叙事的方式，例如有的学生不喜欢画画，那么他们可以自己拍照片、用网上和杂志上的图片、画抽象画，或者用已有材料创作拼贴画等。该活动关注对于学生思想的表达，而非呈现思想的方式。
3. **分享：**邀请学生分享绘制的故事板，展示他们的创作成果、创作过程、创作收获，以及他们对课程内容的研究过程。
4. **反馈：**请班上的其他同学谈谈他们在故事板上看到了什么。可以提问："你觉得什么有趣？为什么这么想？与你创作的故事板相比，处理方式有何异同？"

视觉图像有助于促进思考、培养逻辑思维，从而让写作条理更清晰、更有序。教师史黛西·温特费尔德（Stacy Winterfeld）提到：“**我明白了……对一些作家而言，绘制故事板要比直接下笔写作更有意义。作家创作图像，之后观察图像，更容易找到合适的语句来表达内容。同理，学生将想法视觉化，有助于提高他们的写作创新能力，也有助于他们深度思考，提高批判性思维能力**。”

视觉艺术教学策略

将视觉艺术融入课堂的策略有许多，本节提供了一些可灵活运用、难度较小的策略。

视觉论文

给学生一个课程概念，或者让学生自主选择一个课程概念，之后让他们从互联网、杂志和不同的书籍中找到相关图像。然后，让学生对图像进行排版来呈现一个故事，可辅以文字或语言。最后，学生可以举办视觉作品展，创作一本书，在微博或博客上展示其作品。与此同时，学生要学会分析对其作品的点评，分清哪些是需要被接纳的，哪些是需要被忽视的。学生也可以在小组内展示视觉论文，讨论需要改进的地方。

观察性绘画

观察性绘画是一种更为高阶的观察方式，让学生观察与课程研究领域相关的物品。例如，在科学课上，学生观察树叶、石头、花朵；在数学课上，学生观察图形组合以及曼德博集合（Mandelbrot set）[1]；在社会研究课上，学生观察历史文物或艺术作品。之后，让学生画出他们所看到的东西。学生的画作应尽可能多地展示细节，而不是过分关注作品是否美观。因此，该项活动有助于培养学生对事物深入观察的能力和重视细节的能力，学生细节观察力的提高有助于提升他们的写作水平。

维维安·波伊（Vivian Poey）提出，"当你画画的时候，你便学会了用另一种方式看待世界。绘画过程有助于你捕捉细节之处。你意识到世界不是由线条组成的，白色会根据光线的变化而变换颜色——它会变成紫色、绿色等。学生以绘画的形式进行学习，有助于培养他们的细节观察能力，从而引导学生从自己的观察中得出结论"。

达娜·希尔德克劳特（Dana Schildkraut）在学习遗传学的科学课上创作的拼贴画

拼贴画

给学生准备纹理材料、彩纸、手工纸、树叶等一些手边的拼贴材料，让学生创作与课程内容相关的拼贴画，并且鼓励学生结合颜色、形状、纹理、创作意义等因素，尝试用多种方式将材料组合到一起。同时，让学生观察其他同学的做法，这有助于激发他们的创意。学生之间可以互相讨论作品，并给予对方口头或书面评价。鼓励学生探索艺术元素的层次和排列问题，从而运用设计理论创作拼贴画。

[1] 是一种在复平面上形成分形的点的集合。

混合媒介

让学生用黏土、颜料、彩铅和各种技术等媒介创作出与课程内容相关的视觉作品。这些媒介有助于学生在课程内容视觉化、论点理解、概念探索等方面创新思路。在课堂中使用视频和音频有助于学生创作自己的故事，认识更多的人，并感受到自己是全球社区的一份子。课堂中对于技术的运用能够满足不同水平学生的需求，并且为学生展示自我提供技术支持。

视觉艺术走进课堂

视觉艺术同其他艺术一样，具有灵活性，适用于所有课程。作为一名教师，你既要为考试成绩操心，又要对工作汇报上心，所以可能担心没有时间带领学生进行这种深入的学习。但是，本节提供了一些方法，有助于你将视觉艺术融入教学，从而引导学生深度学习。例如，给学生看一些视觉图像，以提供背景信息，或开展对单元学习内容的讨论；让学生把自己的理解视觉化；让学生借助绘画、剪纸、照片创作“视觉日记”，从而展示他们的想法，激发写作兴趣。你会发现，视觉艺术的运用提高了学生的写作能力。哈伯德（Hubbard）认为，**“儿童绘画蕴含着解决问题的思路。儿童在绘画中理解世界，呈现对世界的愿景，因此儿童绘画蕴含着无穷的能力。如果教师直接说出解决问题的思路，就忽视了儿童画作中的力量”。**

数学课

在数学课中融入视觉图像，可以使数学概念具象化。例如，幼儿园和一年级的学生可以通过“加减法故事画”学习算数，或者也可以做手工，将海绵或者土豆切成几何形状，然后染上颜色，印上重复的图案，如“AB”“ABAB”或者“ABCABC”。这种方法有助于将抽象的数学概念具像化，并能反映出学生的学习情况。

如果课程内容是关于对称这一概念的，那么可以让学生创作镶嵌画，用重复出现的形状来作画。学生可以用钢笔和墨水在纸上绘画，也可以做拼贴画。当学生做拼贴画的时候，需要将素材对称地粘到纸上。在该项活动中，学生需要做详细的规划，进行具体的测量，解决一些实际的数学问题。在图书馆找一本关于折纸艺术的书籍，让学生制作折纸动物，从而学习角度和分数。荷花折法是先将纸折成一半，然后再折成四分之一，最后折成八分之一。

一项复杂的课堂活动可以用于学习多个知识点。在制作塑像的活动中，学生需要制作一把尺子，在构思阶段用尺子测量长度，并用量角器测量圆的周长，制作塑像的头部。然后，学生需要确定圆的半径，确定塑像填充物的重量，之后在作品集中记录思考和创作的过程。教师在展示学生的作品集时，一并展示学生对于数学概念的解释。这种活动不仅让学生亲身参与数学活动，还有助于学生认识自我，以及明白数学在生活中是如何应用的。

科学课

观察是理解科学的关键，在科学课中运用视觉艺术，有助于拓宽学生观察的深度和宽度。让学生观察并绘制出科学过程。例如，让学生种下种子，并用图像记录种子在每个阶段的生长状况，并发挥想象力，画出下一阶段的样子；让学生观察一天中不同时段的天空，并绘制下来，从而对光进行研究。

引导学生通过深入观察进行单元学习。让学生画一个物体，然后用取景器（从纸上剪下来的一个正方形）来放大所画的物体。首先，让学生画一个稍小的、详细的缩略图，展示画面细节、颜色以及明暗度。之后，让学生一步一步将图像放大，放大至抽象形状，这个过程仿佛是在用显微镜观察。最后，学生需要整理观察记录以及所用材料，并制作一份科学快报。

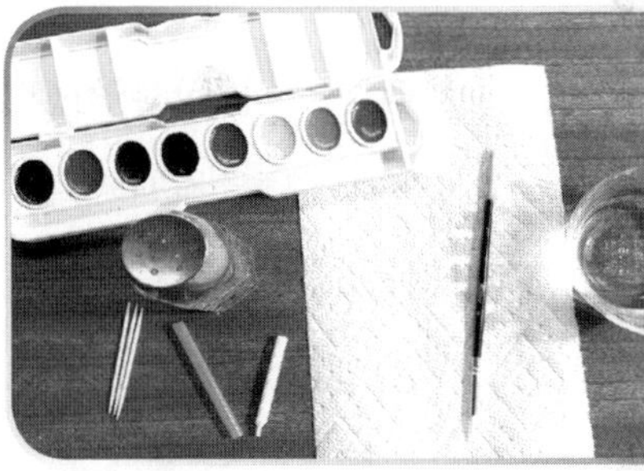

水彩画工具，来自莱斯利大学的兼职教师苏珊·费希尔

具备深入观察的能力在科学的其他领域也十分重要。让学生写一本自然笔记，画出环境中所看到的东西，然后加以文字描述。中学生也可以写视觉日记，记录自己在解剖实验室的经历。

视觉艺术教学有助于学生认识到，视觉艺术一直就存在于学科之中。绘画涉及对颜料和化学制品中的化学成分的学习，从而使学生明白颜色的形成过程；摄影涉及对化学成像过程的了解；素描和绘画则会涉及材料准备、尺寸测量、透视画法、图像设计等多项活动。因此，视觉艺术帮助学生在真实的科学过程中学习科学。

视觉艺术的创作材料有助于学生学习科学原理。水彩画比较直观，可以用来研究因果关系。首先，挤一管水彩颜料到画盘上，然后等到这些颜料变干，就足够用来上两节课了。让学生放下蜡笔，用水彩颜料作画。之后，让学生向未干的颜料撒一些盐，盐会结晶并形成图案。学生需要仔细观察并记录下变化的过程，然后总结经验，解释相关科学原理。这类实验有助于提高学生对视觉艺术的了解。当学生动手参与其中时，有助于激发他们的创意，对他们的写作也大有裨益。

视觉艺术是一项综合性活动，也是科学评价的方式之一。例如，让学生创作一幅展示科学过程的蒙太奇照片，比如衰变过程或物质状态。让学生基于对栖息地的研究，制作出一本立体书，阐释不同地理区域动植物群的特征。学生将自己的理解视觉化，有助于教师评价学生的学习效果。

社会研究课

艺术作品（照片、电影、绘画、拼贴画、雕塑、素描、雕刻）是一个时代、一场运动、一个历史事件、一种文化的缩影，因此鉴赏艺术不失为一种学习方式。在课堂上欣赏不同领域的艺术家的作品，有助于激发学生的灵感，为学生写作和研究提供借鉴。壁画艺术家朱迪·巴卡（Judy Baca）在壁画创作时沿袭历史传统，从社区中汲取灵感；装置艺术家弗雷德·威尔逊（Fred Wilson）完成了博物馆装置艺术设计，为小众观点发声；拼贴艺术家罗玛·比尔登（Romare Bearden）用艺术记

阿莱士·埃杰利（Alex Edgerly）创作的壁画

录了他生活和工作的地方，体现了20世纪30年代的非裔美国文化。欣赏不同领域艺术家的作品，有助于激发学生的求知欲，鼓励他们借助视觉艺术来探索世界。

学生可以根据自己的生活经历创作视觉作品。让学生绘制小区地图，画出居住地和其他3个不同的地方，然后让学生画出他们从一个地方到另一个地方的路线。学生可以用不同的线条、纹理、颜色表示地图的不同区域。

课堂案例

视觉艺术有助于加强课程内容与学生生活的联系。教育工作者伯塔 · 贝里斯（Berta Berriz）在波士顿教授5年级英语时，引入了艺术性传记写作，引导学生从美国早期历史人物的传记中寻找共鸣。每个学生都借助艺术创作了一本书，描述了一个历史人物的重要事迹，其中也包括学生自身的心得体会。例如，一个学生选择写斯匡托（Squanto）学习英语的经历，因为这个学生本身也有学习英语的经历。另一个学生选择写萨卡加维亚（Sacajawea）接触一种新文化的过程，因为这个学生本身也有类似的经历。学生选择历史人物生平中的重要事迹，在立体书中描写。他们深入了解一件事迹，从而梳理出人物生平的时间轴，之后将人物时间轴置于美国历史发展时间轴中。同时，学生们进行小组合作，在创作过程中就时间轴进行讨论。伯塔回想了一下学生们的合作过程，说道："一个学生担任工程师，负责教其他同学；一个学生负责绘制人物；一个学生负责工程技术，承担立体制作以及构思场景。前景、中景、背景、大小以及基本要素等都是要考虑的问题。插图也需要保持一致。学生所选的素材其实是历史人物人生的一个阶段。学生该如何选择素材？选择哪一部分？是选择最适合做展示的那部分吗？我们班写斯匡托传记的学生向其他同学寻求帮助，是选择斯匡托坐在桌前学习英语的部分？还是选择斯匡托已经学会了英语，在公众面前演讲的部分？学生们深思熟虑，最后选择了斯匡托坐船离开英国并重返美国的那部分作为素材。这个方案不仅强调了英语学习，还描述了斯匡托在英国的时光，以及返回美国的原因，这是一段伟大的旅程。讨论此问题有助于学生达成合作、互相了解传记主角。无论问题难易，都能彼此出谋划策。”

语言艺术课

视觉艺术对新兴作家友好。学生可以借助视觉艺术建构并解码另一种语言，这种语言借助隐喻来传达想法。让学生画一幅画，在画中体现自己的想法，之后观察画作转成文本的变化。画画可比写冷冰冰的文字要容易。相反，如果学生先写作，然后再将写作思想转换为一幅画，他们就会认真地分析文本，解决其中的问题，思考创作什么样的画作。

首先，让学生坚持写视觉日记，坚持绘制观察性画作。施雷弗勒（Shreefter）认为，当学生用视觉和书面两种语言思考时，他们会在这两方面都得到成长。他说道：“学生在艺术创作中，可以建构自己的语言，从而表达自我、展示自我。他们可以结合课文、自己的理解和经历来进行写作和艺术创作。”让学生创作与学习主题相关的视觉论文或书籍，从而以视觉方式记录他们对课程和生活的感悟。

南茜·阿特威尔（Nancie Atwell）是最早运用响应式教学法教授识字课程的教育者之一，她在《在中间》（*In the Middle*）一书中讲述了一刀切教学法的弊端。她认为，“中学生开始在乎别人的认可，开始在意别人的想法，并且意识到自己的行为将会受到评判”。因此，创造“安全空间”至关重要，而视觉艺术教学策略具有包容性，教育工作者可以考虑将其运用在课堂上，帮助学生缓解焦虑。

课堂案例

教育工作者克丽·贝利萨里奥（Kerrie Bellisario）和她的高中学生一起借助媒介进行了创造性思考。她的一个学生从哈珀·李（Harper Lee）的《杀死一只知更鸟》（*To Kill a Mockingbird*）中选取100个单词，之后组合成了一个图像。

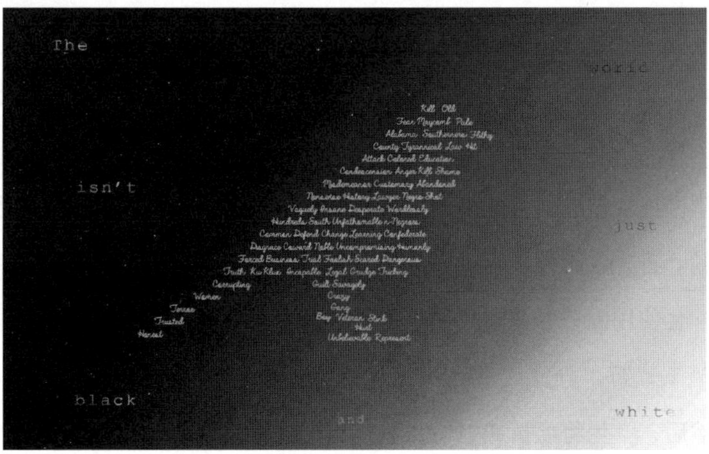

由尼尔·波德拉尼（Neel Badlani）创作

莫琳·克里根-坎基博士（Dr. Maureen Creegan-Quinquis）在苏珊·谢里登（Susan Sheridan）的研究的基础上，将过程教学法和艺术教学策略结合，进行了写作教学。谢里登表示，学生通过盲画的方式辅助写作，对学习英语十分有益。盲画要求学生在不看、不检查、不修改的前提下作画，从而防止学生被自己影响，弱化他们理性分析的习惯。学生在盲画过程中看不到所画的效果，这更有利于他们将所看转换为图像。

克里根-坎基博士让学生用铅笔画一个自然物，如叶子，学生在画画时不能看正在画的东西。当学生画叶子时，不要看画出的线条，而是全神贯注集中在叶子身上。他们需要思考如何还原叶子的特征，如线条是否平滑？叶子轮廓是毛茸茸的吗？他们需要记住线条的类型，画完后做下文字记录，写下线条对应的词汇。在这个过程中，学生对视觉信息进行整理。之后，学生以小组为单位，讨论并互相比较词汇选择，选择出适合写作的词汇，通过小组合作不断扩充词汇量，由此为诗歌、故事和写作奠定词汇基础。

水彩三联画教学策略将视觉艺术和社会情感学习联系起来，涵盖多个课程领域。该教学策略鼓励学生研究色彩、水彩画技法、情感态度，从而促进学生社会情感学习能力的提高，对他们学习语言艺术、科学和数学大有裨益。首先，教授学生水彩画的各种技法，之后让学生学习并实践，让他们学会使用画笔、调配颜料。如果没有水彩颜料，学生可以用油画棒或者蜡笔来代替。画完之后，让学生讨论色彩、情感、情绪三者之间的关系。然后，学生将纸折成三份，创作出三联情绪画作，并可以就画作上的一种或多种情绪创作故事或诗歌。

三联情绪画作（从左到右分别是困惑、快乐和难过的情绪）

图片来源：苏珊·费希尔，莱斯利大学兼职教师

本章小结

本章鼓励学生借助视觉艺术深入思考，帮助学生挖掘想法、探究情感、做出回应，这是学生初次进行口语或书面语表达时难以捕捉到的。金（King）和埃波利托（Ippolito）认为：**“语言知识不能完全解释、描述我们的所想，且用言语表达想法不利于自我意识的发挥。”**绘画和图像创作则有利于引导学生进行深度思考。卡伦·加拉斯（Karen Gallas）在课堂上借助绘画教授昆虫知识，他说：**“把需要学习的知识讲出来并不等同于学会知识，进行创新和改变才是……对于学生和老师来说，艺术有助于温习学习内容和反思学习过程，促进深度学习，并思考谁是学习过程的主导者。”**学生进行视觉艺术创作时，可以不断转换文本语言和图像语言，这有助于他们探索和表达新想法。

实际上，每个学生对内容的理解不尽相同，这是非常重要的。学生进行艺术创作的一个环节是鉴赏彼此的作品，琢磨其设计构思。每个学生都可以就对方的作品进行鉴赏，而不是只评价符合标准的作品。一种方法是依据经验判断，我了解你，你也了解我。另外一种方法是，假设老师有答案，学生的任务是找出答案，艺术创作和艺术鉴赏便是如此。学生是鉴赏者，不在乎别人是否认识自己。即使观点不一样，他们也愿意从其他人身上学东西，这和不知道答案截然不同。这种学习方式与众不同，学生可以掌控自己的学习进度。

思 考

1. 课程设计的哪一部分可以放入插图来提高学生的观察力？
2. 有哪些艺术家的例子能帮助学生深入理解课程主题？
3. 当学生使用不同的材料（油漆、黏土、油画棒、现成材料）创作时，他们的表达方式有什么变化？

第6章

将创意形体融入学习过程

从婴儿时期起，我们就不仅用智力，还用感官、用身体智能去解释世界。

——罗宾·格罗夫（Robin Grove）、凯瑟琳·史蒂文斯（Catherine Stevens）、雪莉·麦基奇尼（Shirley McKechnie）

孩子天生爱动。如果要求他们长时间坐着不动，他们的大脑便会掉线，开始坐立不安、心不在焉。“动起来”的课堂可以让学生的大脑更具活力，为深度学习做好准备。苏珊·格里斯（Susan Griss）曾说：“孩子天性好动。他们用身体回应世界、探索世界。开心了就蹦蹦跳跳，生气了就赖在地上不起，来到绿草如茵的山坡就要在上面打滚儿，这些都不需要人教。上小学的时候，孩子们都能熟练运用身体语言。但是，老师并没有利用这一天性来促进他们学习，而是一直在压制学生的身体语言。如果用动觉语言来教授小学课程，会是什么效果呢？学习不仅需要动脑，还要去活动、去探索、去调查。

在交流过程中，我们总尝试去解读身体语言，但这项技能是不用刻意习得的。运动不仅让学习变得更有活力，还能培养孩子的肢体语言表达能力。杰西卡·布朗菲尔德（Jessica Brownfeld）说：“口头语言（听、说、读、写）仅仅是交流的一种方式，在阅读和交流的过程中，我们也要依赖肢体语言。尽管这两种形式都能各自发挥作用，但是想要进行更深层次的交流，这两种形式缺一不可。”布朗菲尔德倡导，教育不仅是一项思维活动，还要成为一项身体学习的活动。她引用了利兹·勒曼（Liz Lerman）

> 给学生进行艺术创作的机会，学生就可能创作出反映自身文化的作品。如果学生看到自身所处的文化被呈现出来，并且有机会用艺术表达自我，那也将有利于为他们创造良好的文化环境。
> ——戴尔德丽·穆尔（Deirdre Moore）

的一句话，“在知识习得的过程中，要利用身体学习，让丰富的身体感知去满足学生的好奇心，帮助他们学会做人”。

本章将探讨创意形体走进课堂，促进课程学习的可能性。

什么是创意形体？

创意形体就是指学生可以自由选择身体动作，去表达他们的看法和观点。教师可以把创意形体应用于学生正在学习的课程内容。创意形体适用于任何年级、任何课程内容，如太阳系、数学方程式、幼虫破茧成蝶等。因此，创意形体可以把课程内容与学生的行动表达和个人经历紧密联系在一起，从而为学生带来丰富多彩、印象深刻的课堂体验。创意形体来自人类通过身体动作进行沟通的能力，而这种能力是与生俱来的，无须训练、无须任何技能。

你可能会疑惑，创意形体和戏剧（默剧）动作有什么区别？事实上，创意形体比戏剧动作更加抽象。创意形体只关注动作本身，无须演绎，我们不必模仿动物、植物或是其他角色的形态。桑德拉·明顿（Sandra Minton）曾指出：“创意形体包括将单个动作进行组合，形成连贯的动作序列。”

创意形体并不是简单地“迈步子”或“来回动”，而是以舞蹈的思维在身体动作和所学内容之间建立类比的、隐喻式的联系。这种表达方式富有智慧和表现力，既是个性化的，又是协同性的。

创意形体为什么重要？

与其他艺术教学法一样，创意形体也是一种新颖的课程教学方法，能够鼓励学生表达自我、深入思索。巴塞洛缪（Bartholomew）表示，创意形体“能把我们与自己的身体联系起来，这种联系可以帮助我们训练直觉，也能帮助我们认识自我与思维的关系，但它往往被我们忽视”。

> 身体是自我意识和自我管理的基础。舞蹈动作是培养学生情感认知、自我认知和情绪控制等能力的有力武器。
>
> ——玛戈特·托普恩（Margot Toppen）

心智与身体的联系

身体运动可以让学生全身心投入学习。生物学家卡拉·汉纳福德（Carla Hannaford）表示，“运动能够唤醒和激活我们的智能。运动可以将新的信息和经验进行整合、巩固，并输送到神经网络。运动对我们展示所学、阐述观点、表达自我是至关重要的”。

学习通常被当作一种“离身性过程”。克劳迪娅·科尼特（Claudia Cornett）认为，大脑与身体的结合能够促进学习，身体的参与可以更大程度地激活大脑。埃里克·詹森（Eric Jensen）确信，心智与身体是有联系的，他说：“相比传统的课堂作业，运动能激活大脑中的更多区域。”格里斯（Griss）说：“让我们观察一群正在嬉戏的儿童。毫无疑问，他们在玩耍的过程中会动来动去。不用听他们说话，仅仅观察他们的活动、肢体动作和身体状态，我们就能知道发生了什么。儿童用身体去游戏、去交流、去表达情绪。”

大脑研究人员发现，肢体运动与其他感官的结合有助于促进神经通路的生长，从而巩固学习。汉纳福德描述了左右脑和肢体运动协同运作的方式。她说："逻辑半球（左半球）主管细节、部分、语言以及线性模式。相反，右半球主管整体、球形思维，擅长处理图像、韵律、情绪和直觉。"采用创意形体的目标就是在整体思维中让左右脑共同发挥作用。她还说："左右脑活动得越多，我们就会变得越聪明。身体运动可以巩固思维，培养知识表达技能。"

大脑不断打通神经通路。神经可塑性可以促使大脑进行学习和再学习。汉纳福德探讨了运动和游戏在激活神经通路中的作用，她认为身体和思维之间有着紧密的联系，而这种联系可以增强神经通路。她说："运动激活了遍布身体的神经网络，让身体成为学习的工具。"运动创造了感官体验，从而构建了神经网络。

还有研究指出了身体运动和身体亲历学习给学习带来的影响。在课堂中加入身体运动好处多多，有助于提高科学成绩和数学成绩。

动觉型学习

那些坐不住的学生经常能给人留下深刻的印象——一边动一边学习，他们就是动觉型学习者。他们最主要的学习方式就是通过身体运动来探究和展示所学知识。霍华德·加德纳（Howard Gardner）在《心智的结构》（*Frames of Mind*）一书中指出，优秀的动觉型学习者"能够灵活利用身体，清晰地、有目的性地达成目标"。

课堂案例

西莱斯特·米勒（Celeste Miller）是一位教学艺术家、编舞家、莱斯利大学兼职教师和“雅各布之枕”运动课程的联合创始人。她讲述了一位幼儿园小朋友学习星座的故事。她说：“老师让孩子们围成圆圈坐下，闭上眼睛。接着，她让孩子们在脑海中想象他们最喜欢的星座，孩子们开始皱起眉头想象。当其他学生都在冥思苦想时，马修（Matthew）开始动来动去。老师就让马修坐到她旁边。然后老师让孩子们在心中想象组成星座的各颗小星星。这时候马修又站了起来，把身体摆成不同姿势。这一过程被镜头记录了下来。课后老师在观看录像带的时候，才意识到马修并不是在搞小动作，他是在用自己的身体演绎星座的组成方式。”

通常来说，像马修这样的学生是无法适应传统的课堂模式的，因为在传统教学中，学生需要乖乖坐好，被动地听讲。传统模式注重语言思维，而那些更擅长用视觉、空间、图案、概念性思维来学习的学生通常会被忽视。动觉型学习者是通过一系列复杂的肢体语言来认识世界的。如果我们只关注语言智能较为发达的学生，那么我们便不能满足所有学生的需求。为了满足不同类型的学习者，我们必须采用多种教学方法，包括动觉型教学。

教学在很大程度上都是借助语言实现的。但并不是所有人都能以同样的方式处理信息。身体本身就是一门学问。你演奏过乐器吗？有时候你已经忘记了这首歌怎么唱，但是你的手指还知道该怎么弹。身体记忆是学习的一个重要方面。有研究发现，学习者主要通过两种方式获取和储存信息：语言方式（读和听）和非语言方式（视觉图像、肌肉运动）。学生把这两种方式结合得越好，他们的思维就会越敏捷，记忆力也会越强。布朗菲尔德说，“身体不仅能收集环境中的感官信息并将其传送给大脑，还能构建知识和传播知识”。

创意形体与高阶思维技能训练

我们只相信通过身体构建的思想，而非通过大脑构建的思想。

——W.B.叶慈（W. B. Yeats）

大脑和身体的协同运作有利于增强认知能力，新版布鲁姆分类法将重要的认知能力归为以下几类：创造能力、评估能力、分析能力、应用能力、理解能力和记忆力。这就是罗伯特（Robert）和米歇尔·鲁特-伯恩斯坦（Michele Root-Bernstein）所说的“身体思维”。这一概念说明，通过身体动作展示观点也是一种思维方式。你难道不想给孩子们多提供一些学习方式吗？

创意形体走进课堂有利于提高学生的概念性思维能力，而这一能力也是学生较难掌握的高阶思维技巧。学生可以把课程内容当成原材料，然后发挥创造力，用身体展现他们对该内容的理解。在用创意形体阐释概念的过程中，学生能够学到高阶思维技巧。在展示的过程中，他们也可以随时进行调整和完善。比如，当他们从多个观点中选出最适合阐释某概念的观点时，就锻炼了发散性思维能力。

课堂案例

西莱斯特 · 米勒和J.R.格洛弗（J. R. Glover）给我们讲述了学生学习由埃里希 · 玛丽亚 · 雷马克（Erich Maria Remarque）所著的《西线无战事》（*All Quiet on the Western Front*）中的故事。一位学生扮演士兵，边走边念："我是一名军人，我要挺直腰板！不乱动！"（此处影射进出场散漫的队伍）老师并没有用文字或笔记来推动学生思考。"在书中，士兵的身体没有乱动，但他们的思想、内心、语言一直在动，场景也可以变动。所以我们用这样的方式鼓励学生进行抽象性思考和隐喻性思考。"之后，为了激发学生的思维，老师又进行了另一种尝试。她告诉学生："现在我们不再是士兵了，我们可以是他们的思想、情绪、希望或是恐惧。做动作的时候，思考主人翁的思维是如何运动的——是跳跃式的？还是反冲式的？"米勒指出，"在创意形体中，我们可以把动作看成对文本进行主题式分析、概念式分析、隐喻式分析、象征式分析的一种方式"。

创意形体为学生提供机会，锻炼了他们的抽象性思维能力、概念性思维能力和批判性思维能力。明顿曾说："把原始的概念抽象出来，概念就能转化成运动。"也就是说，"观念的本质看起来不像真实的东西，但是它能暗示现实的东西"。

创意形体与抽象思维

创意形体并不是像戏剧一样讲故事。例如，在教室里，老师让2年级学生用身体来展示一样固态物体。学生在做动作、摆造型的时候还要进行头脑风暴。如何用身体展示液态的物体？在描述脑海中的词语并通过身体展示固体和液体的概念的时候，孩子们的脑海中会浮现这样一些词，例如泼溅、飞溅、流淌、滴落、涌动等。找出每一种运动状态的特征并且思考它们的不同之处。涓涓细流和汹涌波涛之间有什么不同？学生在动作和语言之间反复传递这些概念。你可以耐心地引导学生，鼓励他们用身体探索。比如，你可以说："把自己想象成一条快速奔涌的河流。用你的身体展示河水是怎么流动的，怎么奔腾的，又是怎么曲转回旋的。"学生在做动作的过程中就运用了批判性思维技巧。当学生绞尽脑汁思考如何描述水时，也会思考如何把动作做得尽善尽美。在这个过程中，他们就像编舞老师，用舞蹈动作展示水的特性。

积极构建概念可以帮助我们解决问题，这一过程是经验性的、反思性的、合作性的、不断发展的。你可以引导学生用动作去探寻思想的本质。把动作、空间、时间结合起来的方法不计其数。学生可以用身体动作去理解一则故事、一段记忆、一行文字以及许多抽象的观念。舞蹈动作为学生提供了一块巨大的调色板，学生可以自由发挥，把观念用肢体展现出来。肢体动作适用范围很广，在学习重复、夸张、节拍、顺序等艺术元素时，它都可以派上用场。学生用身体去表达、去求索。他们可以自由选择如何在时间和空间里用动作表达观点。创意形体进课堂对学生学习、教学评价、知识理解与知识分享都大有用处。

课堂案例

克丽 · 库克（Keri Cook）是美国乔治亚州的一位4年级教师。她给我们讲述了学生用创意形体探索季节变换的过程。她说："我看着他们精心筹划动作，用身体展示着各种季节。非常自然，几乎不需要我的帮助。他们一会儿转圈，一会儿转身，一会儿倾斜着身子，一会儿又聚到一起。他们不再是他们自己，而是变成了太阳，变成了地球，变成了风、树、叶子、雪人、泳池盖板……他们的想象力太丰富了，通过他们的动作，我就知道他们已经理解季节的概念了。不用书本，也不用试卷，身体就可以帮助他们学习。”

创意形体是一种隐喻式的学习方式。乔治·拉科夫（George Lakoff）和麦克·约翰逊（Mark Johnson）提出，隐喻是意义的容器。他们从语言学的角度来探讨隐喻，但事实上，身体动作创造了视觉上的具身性隐喻。隐喻不仅让思想变得更加生动有趣，还能构建观念、加深理解。隐喻就是通过另一件事物来阐述某种观念。创意形体给我们提供了探索学习的全新方式。科尼特指出，“学生在学习身体、能量、空间、时间等创意形体元素时，也学会了对自我思维进行分析和分类”。

发散思维

肯·罗宾逊在一场演讲中提到了对传统教学模式进行改革的理由。他指出大多数学习都是从头部开始的——这会带来一种损失。他说：“我认为数学非常重要，同样，跳舞也很重要。如果可以的话，孩子们可以不停地跳舞，我们也是如此。但真相却是，当孩子开始长大，我们教育的重心大量移至腰部以上，而重点放在头部，并且没有左右均衡。”

我们希望学生能具备创造力，而发散性思维就是获得创造力的必要前提。罗宾逊认为，发散性思维“可以识别出某一问题的多种可能答案——

超越了直线思维和聚合性思维模式”。在进行艺术活动的时候，你的感官才是最为敏感的。他在演讲中提到了一项研究，该研究发现，孩子天生就是发散性思维者。在幼儿园的时候，他们的发散性思维能力非常强，但是越长大这种能力就变得越弱。更有趣的是，在孩子们接受教育之后，他们的创造力反而丧失了。罗宾逊建议，教育应该少强调一致性，而多让学生发挥他们独一无二的才能和创造力。你能想象吗？我们可以用多样化的教学方式去满足每一个学生的需求，鼓励他们用自己的方式联系课堂、参与课堂。

对部分学生来说，这种学习方式非常重要。把运动与思维相结合，课堂就会变得更加引人入胜。“我用不着说话，跳舞就能表达我的观点”“我更擅长用肢体去沟通”。如果课堂上不允许肢体活动，这些学生又该怎么办呢？如果知识被转换成了舞蹈，学生就可以结合先验知识和经验，产生独到的理解。受约翰·布尔沃（John Bulwer）的研究的启发，布朗菲尔德探讨了身体与思维之间的联系，他指出：“有时候，身体能捕捉到思维发现不了的东西。”

课程标准

创意形体通过把文本转换成动作，来帮助学生培养高阶思维技巧。学生在做动作的时候可以进行逻辑推理，捕捉中心主题和思想，对文本里的事件和观念进行分析，对词语和句子进行解释，对内容进行整合和评估。

开始采用创意形体

> 用舞蹈解决问题的第一步是去做而不是去想。同时你也需要充分倾听自我、相信自我，即使你搞不懂自己在做什么也不要慌张，相信自己的直觉。首先你要让身体动起来，用身体表达你的想法。然后再回归内心，做出适当调整，挑选出与你联系最紧密、最能让你产生共鸣的想法。但是，首先必须动起来。
>
> ——**杰克·巴塞洛缪（Jack Bartholemew），物理老师**

热身

让自己先动起来热热身、活跃思维，这样可以增加氧气输送量、促进血液循环、催生葡萄糖。热身运动可以集中学生注意力，可以作为中途休息，也可以用来过渡新话题。学生在用身体阐释观点时，大脑就以新的方式与课程内容产生了联系，生成更强大的神经通路。热身运动（例如让学生以不同的方式移动、猛然移动、把身体弯曲、作波浪起伏状、保持笔直等）以及认识到不同动作的不同表达效果是学习创意形体的关键所在。

身体、能量、空间、时间（B.E.S.T.）体系

创意形体是舞蹈的一种形式，它包含了所有舞蹈所需要的元素：身体（Body）、能量（Energy）、空间（Space）和时间（Time）。在创意形体中，理解舞蹈的基本元素和动作词汇有助于我们“读懂”动作和舞蹈。舞蹈是一种抽象的艺术形式，它不是在讲故事，而是在以抽象的方式展示观

念、表达情绪、呈现空间设计。创意形体可以让学生的探索和认知更加深刻，让他们的表达更有深度。在掌握了基本词汇之后，学生便能描述他们所注意到的东西，也可以描述他们是如何做出选择的。教师可以与学生分享B.E.S.T.体系，帮助学生掌握基本词汇。

- **B—Body（身体）：**身体是舞蹈的工具。身体可以摆成各种形状，做出不同动作。运动的时候，我们可以把身体当作一个整体，也可以把它拆分成各个部分（臀，腿，脚，手）
- **E—Energy（能量）：**能量告诉我们要如何移动身体。越走越快就会跑起来。膝盖抬高，再用点力，就变成了正步。把胳膊弯曲起来，一顿一卡地移动胳膊，我们就变成了机器人。不同的动作也可以表达不同的情绪。例如，奔跑可以代表自由，也可以代表恐惧，动作不同，效果也截然不同
- **S—Space（空间）：**空间就是动作发生、移动和形成的地方。动作可大可小，移动的距离可近可远，这就是动作的空间。动作在空间中可以呈现出不同的方向（向前、向后、向左、向右）和不同的路径（直线、曲线、圆圈、之字形）。能在空间中进行的动作被称为移动，例如走路、跳跃、奔跑。围绕着一个点进行的动作被称为轴向运动（地球绕轴旋转），例如扭腰、弯腰和伸手
- **T—Time（时间）：**时间可以判断动作持续了多久，是衡量动作的一种方式。动作可以通过计数和数节拍来衡量，或者仅凭感觉和直觉计时，不用计数或数节拍。动作可以放慢也可以加快，有各种各样的节奏

学生选择和采用的任何动作都使用了舞蹈的元素。在做动作的过程中，我们可以加入一些元素，让动作变得更加丰富。例如，“女孩在跑步”

这个句子，可以加入一些元素让原句变得更生动有趣：小女孩抬高膝盖，仰起头，蹦蹦跳跳地跑过去向父亲问好。

学会适应

在适应新的教学策略的过程中，我们要发现自己的不适之处，这也是学习的一部分。尝试新的教学方法是需要勇气的，对老师和学生来说都是如此。学生们长期处于久坐不动的学习环境中，如果突然加入创意形体，有些学生会欢欣不已，但有些学生可能会感到紧张。这种紧张感可能造成学生的抵触情绪或其他不适症状。这个时候，我们就要直面自己的不适——运动的不适、与他人一起运动的不适、尝试新事物的不适。同时，这个教学方式还会带来社会压力。比如，高中生可能会担心自己的形象，在意别人对自己的看法。但是，创意形体所带来的益处是远远大于它所带来的不适的。

导入活动：动作串

西莱斯特·米勒发明了创意形体4步走策略。这一过程通常要花20—60分钟的时间，将教会学生把创意形体当作一种学习工具。开展这项活动首先需要学生进行头脑风暴，在脑海中想出与课堂内容相关的动作词汇，并在之后的运动过程中运用这些词汇。然后再把学生分成几个小组来创造动作串（有时候也称动作词组），之后再进行反思和评价。

1. **头脑风暴：**让学生针对特定主题进行头脑风暴，在脑海中思考与该主题相关的动作词汇。把自己想出来的词汇和词组在脑海中列一个清单，并展示给同学们看。这张清单可以增加学生的词汇量、深化课程主题、为学生做动作提供选择。

2. **组成动作串**：把学生分成小组，让他们来组成动作串。让学生从头脑风暴列出的词汇清单中挑选词语和词组，然后进行筛选、组合，把这些表示动作的词汇组成动作串。向学生们简要介绍B.E.S.T.体系，让学生用B.E.S.T.体系帮助他们进行选择。
3. **分享**：让学生向其他同学分享自己创作的动作串。分享完后，让观众点评一下这些动作选得好不好、与课程内容的关联度高不高。
4. **评价**：让学生讨论或记录创造动作串的过程，重点关注对课程内容的认识发生了什么变化。老师可以用评分表和评价量表来评估学生对课程内容的掌握程度和学生在动作串活动中的表现。

把创意形体融入课堂

创意形体与B.E.S.T.体系相结合就可以传情达意，类似于作家把词语和句子结合起来就可以写成一篇文章。加入创意形体创作以及观看舞蹈都是传递非语言信息的方式。在书面语言、口头语言和肢体语言这3种语言之间灵活切换，对学习这3种语言都是有利的。布朗菲尔德说："如果一种语言有所欠缺，那么其他两种语言都可作为补充。"她还说："身体动作可以达到和文字同样的交流效果……有时候身体动作传递信息的能力甚至能超过文字。"简言之，学习口头语言和身体语言都能增强沟通能力。在接下来的例子中，你将看到与被动式的学习方法（如重复练习和死记硬背）相比，主动式的、具身性的学习方式是如何促进教育的。

语言艺术课

学生在把文本转换成动作的过程中，就运用了高阶思维技巧。创意形体可以用来探索文学术语和情节脉络，如不同故事的背景、角色、发展、高潮、回落和结局。让学生以小组为单位创造动作串（或词组），在空间中使用动作去阐述自己的理解。然后让他们通过表演展示学到的知识。学生学到新词之后，就可以把它们编入创意形体，这样一来，他们的词汇量也能得到扩充。

课堂案例

在一个高中课堂中，学生在读达希尔·哈米特（Dashiell Hammett）的著作《马耳他之鹰》（*The Maltese Falcon*）。老师要求学生分析主人翁山姆·斯佩德（Sam Spade）多变又矛盾的性格特征。老师把学生分成几个小组，学生可以选取某一个性格特征（如：堕落的、有道德的、多情的、存在主义的），然后根据该性格在整部小说中的发展状态，用纸和笔画出一张性格发展图。以下步骤可以引发更深层次的探讨，同时也能准确阐释学生所画的内容。

该课堂的老师麦克·穆尼（Mike Mooney）和科利特·利维拉托斯（Nicole Livieratos）与学生们一起研究了性格发展图，并把它当成对故事风格和意象的反映。老师向学生提问："你们打算如何用身体去展示发生的事情？"学生回答：可以把性格发展图转换成舞蹈动作。然后他们从小说中找出了描述该性格特征的段落，并以此为灵感，创造动作。

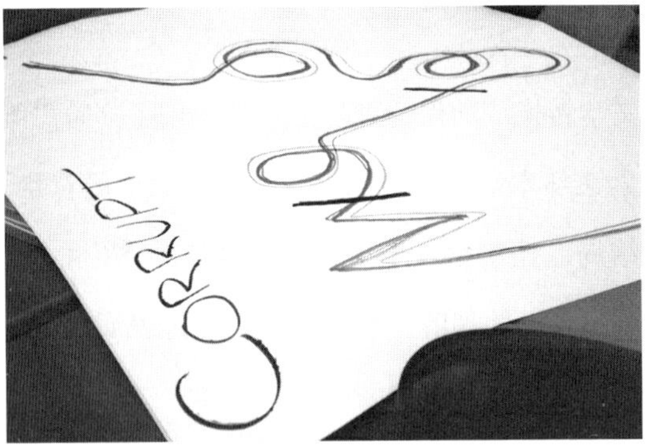

学生用图画展示山姆 · 斯佩德的性格（堕落）的发展过程

穆尼和利维拉托斯让学生把注意力从动作编排转移到过程探讨上。探讨过后，学生能更加深入地了解该角色的身体动作、行为模式、动作特点等，这同时也能促进学生对动作的学习。这样一来，学生就能结合自己的内心感受与经验创造富于变化的动作串，或快或慢、或急或徐、或大或小、或松或紧、或直或曲……无论是打滚、旋转、爬行，还是蜷缩、折叠，学生都能见证性格特征是如何塑造以及定义动作的，同时也能明白小说中的角色在他的人生中是如何做出抉择的。

高中生在用动作串展示山姆 · 斯佩德的性格轨迹

社会研究课

用动作去展示历史故事。例如，让学生用动作描述移民穿过埃利斯岛移居到美国时的情绪，或者让他们用动作串描述一段特殊的历史时期（如美国南北战争）。学生们还可以发挥创意，用身体再现二战时期士兵的精神面貌，或者由政府政策引发的民众情绪。普里西拉·阿梅尔（Priscilla Harmel）表示："用舞蹈表达愤怒有多种方式，可以是爆发性的，可以是把自己缩成一团，也可以是静静待着，保持沉默。"

让学生用动作来展示过程。比如可以让学生表演农田里的玉米是如何变成餐桌上的玉米酪的。还可以表演邮件是如何从一个邮箱发送到另一个邮箱的。让学生做一个流程图，使动作变得更生动。

在进行创意形体活动的过程中，问学生："是什么让动作更加生动？用什么方式传递信息会更抽象？如果你的动作做得再大一点，或者再小一点，会怎么样呢？你怎么转换？你如何用这种艺术形式来表现线条和形状？"

数学课

让低年级学生用数字进行编舞（例如，有3位舞者，每人转4圈，一共就转了12圈），然后再让学生与其他同学分享。让学生用身体去表演几何图形。他们可以用自己的身体摆成各种图形，也可以把橡皮筋拉成各种形状。学生还可以用视觉和身体姿势描述数学公式。让学生用身体设计数学题，例如电线杆上有8只鸟，飞走了3只，那么电线杆上还剩几只？

让高年级学生用创意形体解方程式，在数学概念和符号之间建立联系。首先，让学生摆成1个等式，保持两边的平衡，在这个等式中，无论哪一边的同学做了什么，另一边的同学都要跟着做。

科学课

用身体展示科学概念和过程有助于学生理解科学知识。让学生用动作来展示地壳板块的运动，向学生提问："不同板块之间是如何移动的？（聚合边界还是离散边界？）地壳运动是如何引发地震、火山活动的，又是如何形成山脉，在板块边界处形成海沟的？在把文本中的理念转换成动作的过程中，学生能进行思考、发现问题。你可以问学生："这些词语是什么意思？你怎样用肢体动作把这些意思表达出来？"

学生还能以独特的视角，用动作来描述生态环境的变化。例如，可以让学生用肢体去表现一种濒临灭绝的鱼，要体现出鱼的挣扎之感。通过这项活动，学生就能以一种崭新的方式了解这种动物以及物种灭绝这一概念。

用动作去探索各种各样的过程。在学习水循环的时候，不要告诉学生相关词汇，让他们用身体去展现水循环的各个阶段。让他们想象雨点滴落在地面。他们会如何用身体去表现雨点降落的过程？水变干了，蒸发了，这时候就要变换动作，并且动作要做得轻一点。当水在水循环中产生变化的时候，学生必须要思考如何用不同的动作去描述这一过程。许多科学过程都可以通过创意形体来探索。

课堂案例

在“雅各布之枕”运动课程的最后，西尔维奥·孔蒂社区小学（位于美国马萨诸塞州，皮茨菲尔德市）的一个3年级班级向2年级学生展示了他们学习物质状态的过程。首先，学生通过一些身体动作——静止不动、在教室里流畅地移动、用身体展示水分子被加热至沸腾并形成蒸汽，来表示固体、液体和气体这3种物质状态。接着，学生把这些动作结合到一起，用身体展示了物质由固体变成液体（融化），又从液体变成气体（蒸发），再从气体变回液体（液化），最后从液体变回固体（凝固）的过程。学生们所选的展示方式就是一组具有艺术感的动作串，同时，它也揭示了学生对这一科学过程已经有了十分清晰的了解。

从虫卵变成蛹……

化成蝴蝶，翩翩起舞……

丽塔·华登（Rita Walden）是美国卡罗莱纳州艾肯县的一位教师，她的2年级学生发明了“蝴蝶舞”。在舞蹈中，他们表演了毛毛虫化茧成蝶的全过程。

在理解化茧成蝶的过程中，让学生记录形体和动作所传递的信息。这项艺术活动结束后，华登说：“这堂课非常有趣，学生们都亲身体验了蝴蝶成长的过程，学到了很多与蝴蝶相关的知识。他们乐于去尝试新事物，也不担心会失败……他们找到了应用知识的独特方法……我坚信这种具身性的教学方式能点燃孩子们的学习热情。”

你可以从学生将思想转化为实物的方式中看出他们学到了什么。对于非正式的现场评估，让学生在运动中回答你；告诉他们：“让我看看你们的肢体语言。”如果你正在教授不同的能源，让学生向你展示加热或冷却时会发生什么，或者如果你正在教授统计学，让学生向你展示他们对平均值、中位数、模式和离群值的理解。有时候，那些在口头或书面表达上有困难的学生会用他们所知道的东西带给你惊喜。确定学生通过动作学到了什么，可以为后续的文本教学提供灵感。

课堂案例

一位第一次尝试在教室里采用创意形体的老师指着一个小男孩说：“你知道吗，我之前常常跟他过不去，因为我不确定他是否明白了所教内容。他还有一点语言障碍。但现在，每当要求他展示对动作的理解时，我都能看到他对这些材料的理解有多深，因为他在动作中给了我很多答案。”

本章小结

探索身体、调动肢体、融汇创意，这有助于培养直觉、交流互动、解决问题。

——保拉·阿伦斯（Paula Aarons）

负责“雅各布之枕”运动课程的艺术教育家保拉·阿伦斯以前是一位教师，她说：“当学生动起来的时候，他们的心率和呼吸都会发生变化，身体感官也会变得更加敏感……这些都是真实发生的生理现象。”她认为创意形体提供了一种新的学习方式。这种用身体解决问题的方式可以让学生“先用行动生成观点，再进行思考。让他们以新的方式理解概念、汲取知识，并通过感官进行分析”。在运动探索的过程中，学生的知识得到了巩固，他们的语言能力也得到了提升。

阿伦斯还说：**“作为教育工作者，我们要明白语言并不是汲取知识的**

唯一途径。直觉知识和体验感受都是有价值的。我们在课堂中学的内容通常都是有形的、理性的、可界定的。但是直觉（对事物的感觉）在学习中也占有重要的地位。”

南希·金（Nancy King）在《赋予感觉以形式》（*Giving Form to Feeling*）一书中指出：“舞蹈（创意形体）能够完美融合思考、行动和感觉。我们会在意孩子的心理健康、身体健康和情绪健康，既然这种艺术形式能一次性解决这3个问题，那么我们为什么要忽视它呢？”我们想让学生成为活跃的学习者。还有什么是比让学生用身体展现他们的所思所学更好的学习方法呢？

思 考

1. 结合你目前的课程，思考创意形体可以在哪一部分发挥用处？
2. “先行动后思考”对不同类型的学习者有什么样的效果？
3. 你如何用创意形体帮助学生解决课程上的难题？

第7章

教学计划与评价

一种教学计划与评价的新视角

设计艺术教学计划，教师需要制定相关标准或确立清晰目标，然后运用各种方法设计教学活动，以实现教学目的。评价作为教学计划的重要方面，旨在为教师和学生提供教学和学习反馈，以确保实现预期教学效果。教学计划中的评价可以帮助教师更好地了解学生的学习情况。形成性评价是指在教学过程中为了解学生的学习情况，及时发现教学中的问题而进行的评价，常采用非正式考试或单元测验的形式。通过形成性评价，教师可以了解学生的学习进展，获得教学过程中的连续反馈，为调整教学计划、改进教学方法提供参考。总结性评价是为了解教学活动的最终效果而进行的评价，注重考察学生对某门学科的整体掌握程度，概括性强，覆盖范围较广。

从字面上看，评价即“对事件或人物进行判断分析后得出的结论”，教学评价就是对教学过程及结果进行测评，并给予价值判断。盖尔·伯纳福德（Gail Burnaford）、亚瑟·阿普利尔（Arthur Aprill）和辛西娅·维斯（Cynthia Weiss）将评价等同于研究，认为“研究是一个调查、提问和探寻的过程”。根据他们的观点，评价就是教师和学生对教学和学习过程的一种合作探究。从艺术的角度进行教学评价，能帮助我们更加深入地了解学生。

评价为教师提供了关于学生学习的连续反馈，从而有助于教师调整教学计划。本章将探讨如何发挥评价在教学和学习中的重要作用，如何与学生一起探索学习过程中的问题，如何记录学习情况，如何分析学习效果，以及如何展示学习过程。

本章以费思·林戈德（Faith Ringgold）的《沥青海滩》（*Tar Beach*）艺术教育课为例（详见附录A），阐述了相关教学计划。附录B中的单元教学计划表包括课程标准、具体学习目标、记录方法。附录C提供了一张空白的单元教学计划表。

单元教学计划：借助学情记录表制订课程计划

图7.1中的学情记录表来自多诺万和安德伯的著作《作为管理者的教师：形成性评价和基于艺术的策略》（*Teacher as Curator: Formative Assessment and Arts-Based Strategies*）。该表是教学计划的辅助工具，可用于记录学生的学习情况。通过细化学习目标，制定具体标准，教师可判断学生是否达到教学要求。详细示例请参见附录A中的《沥青海滩》单元教学大纲和附录B中的单元教学计划表。

实践艺术教育，需要将以下3点纳入教学计划：

- 艺术和非艺术类教学内容都要受到重视
- 对艺术和非艺术内容的学习都要给予评价
- 将艺术作为一种评价方法

学情记录表有助于教师将艺术与教育结合起来设计教学。《沥青海滩》单元教学大纲（见附录A）囊括了戏剧、视觉艺术和社会研究等多方面的内容；确定了具体的学习目标；详细介绍了记录学习情况的指导方法（如探索插画艺术、设计戏剧表演、设计故事被子）。学情记录表不仅可以用来评价教学效果与学习效果，还是制订教学计划的重要参考。

课程标准	具体学习目标（评价标准）	记录方法（形成性评价和总结性任务）
艺术标准： 适用于艺术类课程或单元教学。	向学生阐明需要完成的目标和具体要求： 让学生以多种方式展示自己对课程内容的理解。 • 需要达到什么学习标准？ • 期待什么样的教学效果？ • 应记录哪些内容？ • 需要学生完成什么？	如何记录学生的学习情况？ （可采用艺术形式来记录） • 记录方法应多种多样，包括让学生通过艺术手段展示学习效果。
非艺术标准： 适用于非艺术类课程或单元教学。	向学生阐明需要完成的目标和具体要求： 让学生以多种方式展示自己对课程内容的理解。 • 需要达到什么学习标准？ • 期待什么样的教学效果？ • 应记录哪些内容？ • 需要学生完成什么？	如何记录学生的学习情况？ （可采用艺术形式来记录） • 记录方法应多种多样，包括让学生通过艺术手段展示学习效果。

图7.1　教师作为管理者：学情记录表模板

艺术元素

在制订单元教学计划（和学情记录表）时，需要考虑一个关键因素——艺术形式。学习艺术词汇对于培养学生的艺术素养非常重要，学生只有理解了各种艺术语言，才能更准确地描述自己作品以及他人作品中的艺术元素。如果学生想要创作更加优秀的作品，就需要了解各种艺术形式的基本元素及其呈现方式。

视觉艺术

保罗·盖蒂博物馆、艺术教育与STEAM多学科教育研究所和肯尼迪艺术中心可以给我们带来启发。

线条：由空间中无数个点构成，点动成线，如横线、竖线或斜线，线条的宽窄、方向和长度不定。

形状：由闭合线构成。形状可由直边组成，如大多数几何图形；也可由不规则的自由边组成。形状是二维的，可以用长度和宽度来衡量。

颜色：物体反射的不同波长的光线所带来的视觉效应。颜色具有以下3个特性：色调（如红色、蓝色或绿色）、饱和度和明暗度。

形体：可以用长度、宽度和高度表示的三维形状。

纹理：可以看到和触摸到的物体表面（如粗糙、光滑、凹凸等）。视觉纹理是指不用手触摸即可通过视觉看到的纹理；触觉纹理即用手触摸才能感觉到的纹理，一般用于设计凹凸表面，比如立体浮雕。

明度：颜色的明暗程度。

空间：物体之间、侧面、上方、下方或内部区域。空间有正负之分，正空间指形成封闭感，能够制造视觉中心的空间；负空间指不能形成封闭感，没有强烈视觉中心的空间。空间可用于描述具象的深度（如位置距离），也能用来描述抽象的深度（如思维）。

设计原则

保罗·盖蒂博物馆、艺术教育与STEAM多学科教育研究所、肯尼迪艺术中心和PBS学习媒体可以帮助我们理解设计元素。

平衡：注重视觉感受的艺术元素排列。对称平衡的艺术品给人带来稳定感；不对称的艺术品会让人产生不稳定感。

运动：艺术作品创作可体现动感。作品中艺术元素的位置变动可以改变观众的视觉焦点。

重复：以类似的方式反复运用相同的艺术元素。

比例：艺术作品中各个物体或元素之间的大小关系。

强调：以引人注目的方式突出艺术作品的某一部分，打造中心。

对比：把多种艺术元素并置，从而表现出不同之处，如颜色、形状或纹理的相互对比。

统一：以和谐的方式呈现艺术元素。

多样性：采用各种方式，结合多种艺术元素，创造视觉吸引力。

讲故事

讲故事有5个关键要素。

互动：故事讲述者努力吸引听众，并根据听众的兴趣和反应随时调整。因此，每次讲述的故事内容都会有所不同。

文字：故事讲述者运用口头语、书面语与听众建立联系，并通过细节描述把听众带入故事世界。

动作：运用声音、肢体动作和各种手势使故事更加生动。

故事：讲述者分享一个有人物、有情节的故事。

想象力：讲述者鼓励听众大胆想象。

音乐

根据雅各布森（Jacobsen）和埃斯特雷拉（Estrella）的观点，西方音乐的基本要素如下。

音高：音调高低。

和声：多种音高同时发声构成的音响组合。

旋律：若干音符有组织、有节奏地和谐运动。

力度：音响的强弱程度。

节奏：音乐中对时间的把控（节拍、韵律、速度）。

音色：声音的品质。

结构：乐曲声部的组合方式。

戏剧

以下这些定义改编自"戏剧手册"（Drama Handbook）、"戏剧的12个要素"（The 12 Dramatic Elements）和"戏剧的基本元素"（Elements of Drama）。

角色：戏剧中的人物、动物、思想等。

张力：矛盾、斗争、想法或动机的表现形式。戏剧张力推动情节发展，富于戏剧性。

时间：剧情的展开节奏。

对白：剧中人物所说的话。

背景：构成戏剧框架，明确当前情境。

空间：戏剧舞台表演、演员走位以及肢体动作。

创意形体

以下这些概念源自肯尼迪艺术中心、PBS学习媒体、艺术教育与STEAM多学科教育研究所、美国核心艺术课程标准和佩皮奇艺术教育中心。

身体：通过身体各部位的创造性运动创造各种形状和动作。

空间：创意形体在不同维度、以不同方式与空间相互作用。

动作：以身体为中心的肢体运动，不同于空间内部运动。

时间：运动随时都在发生，以不同的节奏呈现。

能量：运动特征（静止、猛冲、悬空等）、重量（重、轻等）和流畅（连续、卡顿）。

诗歌

以下与诗歌相关的概念源自美国诗歌学会、夸梅·亚历山大、乔治亚·赫尔德和玛丽·奥利弗。

声音：用声音创造意义，通常借助拟声词、谐音、辅音、头韵等。

节奏：通过模仿、重复、押韵、音节等设计诗歌的节奏。

意象：准确的词语和形象化的语言能够激发读者的感官体验和想象力，从而在脑海中形成画面。

结构：组织思想。有些诗是自由诗，有些诗遵循特定的格式，恰当运用换行和空格可以让诗歌产生不一样的意义。

字数：文字表达。诗歌的字数通常少于其他文本类型。

读者：诗人在写作时始终考虑读者，运用恰当的语气或态度传递信息、思想等。

教学计划中的管理者——教师

多诺万和安德伯在她们的著作《作为管理者的教师：形成性评价和基于艺术的策略》中，让教育工作者从管理者的角度进行思考："教学方法与教学内容的有效结合是一门艺术，教学计划中的各种标准有助于更好地理解这门艺术，但制定标准时需要协调许多要素（如学习资源、教学方法和课程内容）来为学生创造学习机会。内容管理不仅涉及网络检索等搜索方式，还包括内容的分门别类。"换言之，课程设计是一个创造性过程，其中每一个选择都至关重要，因此教师不仅是教育工作者，更是管理者。

记录学习情况

教师在记录教学工作的过程中，就创建了一个学习记录。教师可以根据自己的观察记录以及学生的学习作品进行教学反思，更好地掌握学生的学习情况，进而帮助改进课堂教学。

一旦确定了课程目标、课程标准、艺术形式和教学方法，就要计划如何记录学习过程。记录可以让学生了解自己的学习情况（形成性评价），并在学习结束时形成整体认知（总结性评价）。可以根据学生的艺术创作对其学习情况进行评价。有效的学习记录不仅能帮助教师了解学生对知识的掌握程度，还能帮助教师知道学生运用了什么学习方法。由于记录过程不够规范，且未贯穿整个教学过程，传统的学习评价方法往往效果不佳。而学情跟踪记录提供了重要反馈，能够让学生将既定的学习目标与自己的学习效果联系起来。

在单元教学开始之前，教师应当计划如何做好教学过程中的记录工作，以确保教学进度和学生的学习情况有迹可循。可以选择常用的文字记录方法，但也可以借助艺术手段来记录学习情况。艺术教育会激发学生的奇思妙想，教师难以准确预测所有情况，所以更需要将教学过程记录下来。

记录表可以放在学生的学习档案袋（学档）中，以供查看。在记录学生的学习情况时，也可以利用相机和便笺，随时拍摄照片或写下观察结果，并将其放入学档中。除此之外，还要培养学生良好的学习习惯，让他们试着归纳整理所学内容，以清楚自己的学习过程。

学情记录包括以下内容：

- 学生的学习作品（草稿、笔记、试卷、绘画、思维导图等）
- 学生学习的照片或视频
- 课堂讨论和汇报的文字记录或视频
- 学生日志或学习日志
- 教师观察笔记
- 谈话（录音或文字记录）
- 留言条
- 书面自评或互评
- 评价工具：要点清单、评分表、评价量表和笔记

形成性评价记录

学习过程中的学情记录形成了关于教学和学习的连续反馈，从而帮助教师及时调整教学内容。形成性评价可以让我们专注于教学过程，并在反思中改进课堂教学，提升学生的学习效果。

教学评价应该将教师教学和学生学习完美结合，这样才能更加深入地探索学习过程。正如哈佛大学艺术教育“零点项目”的研究人员所说，“评价不一定是事后评价。研究中，我们通常更注重记录具体的学习过程，而不是学习思维”。保罗·布莱克（Paul Black）和简·琼斯（Jane Jones）将形成性评价定义为：在整个学习过程中，根据教师和学生在自评、互评时所形成的反馈，对教学活动作出调整。也就是说，学习中的形成性评价能够给教师和学生提供连续反馈，从而帮助教师改进教学。

艺术教育意味着学生在学习过程中要不断观察发现、讨论想法创意并思考如何将想法变为现实。共同思考可以帮助教师根据学生的实际需要不断调整课程内容。学生如何学习知识、如何表达个人理解，是教师调整教学的重要依据。拉里·费拉佐（Larry Ferlazzo）指出，“学生在思考自己学到了什么、使用了什么学习策略时，能够更好地理解自己的学习过程，并制定新的学习目标”。

学生可借助草稿、笔记、试卷、图片、视频、录音等记录形式展示学习情况，并通过讨论、汇报、学习日志以及面对面交流等方式分享个人想法。这样一来，学生就可以从自评互评、教师评价中获得反馈，从而清楚他们目前的学习情况，并制订下一阶段的学习计划。

在《沥青海滩》单元教学计划中，形成性评价和总结性评价包括以下记录内容：

- 关于学生课堂表现的笔记
- 创作过程中的新奇词汇和奇思妙想
- 讨论过程
- 学生课堂展示的照片或视频
- 由学生、教师和同学共同完成的评价量表或观察表
- 制作故事被子和写故事
- 关于艺术选择的讨论

总结性评价记录

总结性评价一般是指在教学活动告一段落后，为了解教学的最终效果而进行的评价。除了传统的期末考试，学习档案也可用来评价学生的学习情况。朱迪·亚特（Judy Arter）和维基·施潘德尔（Vicki Spandel）将学习档案描述为“收集学生作品的成长记录袋，记录着学生成长的故事”。从评价要求出发，学习档案应该包括学生的代表性作品集、选择作品的原则、明晰的作品评价标准、教师的反馈与指导和学生的自我反思。

学习档案评价需要教师做到：

- 与学生共同记录详细的学习情况
- 记录整个学习过程，而不仅仅是最终结果
- 不仅要知道学生给出了什么回答，还要了解学生如何得出答案
- 理论联系实际

在创作作品、自我反思、讲述故事的过程中，学生之间应该是平等的。每个学生都是自己学习过程中的主角，有权做出选择、记录反思，并与他人分享自己的想法。

学习档案评价为教师、家长和学生提供了丰富的记录内容，反映了学生的实际发展情况，以及学生在具体学习过程中解决问题的能力和反思能力。该评价还可作为制定成绩标准的依据，衡量学生的学习效果。

对于《沥青海滩》单元教学，学习档案中的总结性评价包括以下内容：

- 教师在形成性评价中的观察笔记
- 学习最终阶段所拍的照片
- 学习最终阶段的评分表

展示

学生在创作艺术作品时，融入了自己对所学知识的理解，因此公开展示学生的作品也是一种记录学习情况的方法。分享学生的作品有以下好处：

- 为学生提供记录学习过程的机会
- 学生可以对彼此的作品进行点评
- 以可视化的方式记录学生的进步
- 为学生提供机会，在讨论中促进反思

教学评价工具

除了记录学生的作品集，教师还可以使用笔记、要点清单、评分表、评价量表，对学生的学习情况做出评价。这些工具既可用于形成性评价，也可用于总结性评价，每种工具都有各自的优点。不仅教师可以使用这些评价工具，学生也可以用这些评价工具进行自评和互评。作为单元教学计划的一部分，教师在教学过程中需要制作评价工具，并恰当运用这些工具记录学习情况。记录完成后，将评价结果收集在学生的学习档案中。

笔记

最简单的评价工具专注于观察，不需要任何评价或评级。做笔记的时候，制作一张表（图7.2）或列一个简单的问题清单，以方便在观察过程中进行有针对性的记录。学生可以从教师或同学的笔记记录中获得形成性评价反馈，并了解自己现阶段的学习情况。教师需要提前设计问题，根据评价标准记录相关学习情况。

小组名称或小组成员	
学生如何把戏剧元素融入对生活的观察?	
学生的表演结合了哪些课程内容（如美术、戏剧、社会研究）?	
学生在小组展示中如何表达对知识的理解?	

图7.2 课堂戏剧表演的笔记

要点清单

芝加哥教育艺术团的机构创始人兼前创意总监阿诺德·阿普利尔

（Arnold Aprill）指出，要点清单能帮助教师检验教学效果并发现教学中存在的问题。要点清单清楚地写明了需要达到的教学目标，不需要在记录过程中对学习情况进行评价。图7.3是《沥青海滩》单元教学中使用的要点清单。

学生应当完成以下学习任务：

- 理解绘本插图与行为艺术之间的关系
- 能够说出作品中运用的艺术元素
- 生动形象地描绘故事被子呈现的故事
- 表达个人理解和看法
- 观察故事被子，分析其创作目的和创作意义

图7.3 《沥青海滩》：故事被子

作为一种形成性评价，要点清单可以用来判断学生是否跟上了教学进度，以及他们还需要完成哪些学习目标。同时，要点清单也可用于总结性评价，以衡量学生在该教学阶段结束后的整体学习情况（既包括课程内容，也包括艺术素养）。

评分表

运用评分表可判断学生当前的学习水平并评出等级。教师要根据学习目标或作业要求做出评价、给出得分，以此来衡量学生的学习情况。评分表和要点清单的不同之处在于，评分表不仅包括学生需要达到的学习目标，还显示了学生的完成度和优秀度。评分表也不像评价量表那么复杂，教师借助评分表在短时间内就能给学生提供反馈。评分表示例参见图7.4。

学生是否达到以下要求	1—5分	备注
充分运用戏剧元素设计表演		
将林戈德的艺术思想融入表演或小组讨论		
将关于绘本插图的奇思妙想呈现在表演中		
理解插图与行为艺术之间的关系		

图7.4 《沥青海滩》课堂表演评分表

作为一种形成性评价，评分表显示了学生学习过程中的目标完成程度，以及需要努力的方面。在教学过程中，不仅教师可以使用评分表，学生也可以用评分表进行自评和互评。同时，评分表还可以作为总结性评价，以衡量学生的整体学习情况。

评价量表

评价量表与评分表一样，都是从不同方面对学习情况作出判断和评价。但评价量表的描述更加具体，因而更准确地说明了学习目标的实现程度。教师应在教学之初就将制定好的评价量表提供给学生，以便学生熟悉具体的学习目标和学习任务。此外，也可以让学生参与制定评价量表，发挥自己的主观能动性，以提高他们的自主学习能力和学习主体意识。教师和学生共同制定学习目标、评价学习情况，会使学习效果更为显著。

作为一种形成性评价，评价量表详细描述了学生的学习情况。评价量表也可用于学生自评和互评，从而帮助学生在反思中取得进步。同时，作为总结性评价，评价量表显示了学生对所学内容的整体理解情况以及对学习目标的实现程度。设计评价量表时既要包括课程学习目标，也要包括艺术素养目标。图7.5所示的评价量表是《沥青海滩》单元教学的总结性评价。

评价标准	优秀	良好	及格
探索林戈德艺术作品的主题			
源于艺术作品的语言表达			
将充满创意的词汇融入表演设计			
引人注目的精彩表演，如画面、对白和动作			
运用戏剧词汇表达观点			

图7.5 《沥青海滩》课堂表演——评价量表

完整的学习记录

在单元教学活动结束时，学习档案就提供了一个完整的学习情况记录，其中不仅包括学生的学习成果，还有他们的学习过程。通过记录学习过程、完成学习评价，每个学生都能获得属于自己的学习成长记录，还可以与他人分享自己的学习情况。学习档案将艺术与教育相融合，不仅有助于提升教学效果，而且能给学生带来更多收获。

本章小结

如今，数据驱动决策（指使用事实、指标和数据来指导与组织目标，并追求和计划一致的战略业务决策）越来越普遍。记录学习情况对于制订教学计划至关重要，它能帮助教师了解学生对知识的掌握程度、学生运用了什么学习方法、学生适应哪种教学模式以及如何改进教学。但是大多数记录往往只关注理论知识和实用技能，而忽略了学生其他方面的素养和能力。艺术教育则能为学生提供更大的发展空间。学习是展现创造力的过程，充满了无限可能，而详细完整的学情记录不仅可以呈现学习过程，还能让教学和学习变得丰富多彩。

作家纳塔莉·戈德伯格（Natalie Goldberg）指出，回忆往昔，记录经历，“等同于人生活了两次”。换言之，我们可以反思自己所经历的事情以及所做的选择，在对细节的回忆中获得新的理解和体会。学情记录也是如此，如果让学生参与其中，引导他们思考如何用讲故事的方式记录学习过程，他们将更加了解自己的学习情况以及自己的选择如何影响学习效果。而且学情记录也能帮助教师进行教学反思，调整教学计划，从而高效地实现教学目标。

如果教师能把艺术融入教学，将会带来意想不到的变化。艺术为学生提供了多种表达自我的方式，教师和学生可以借助艺术从不同方面共同探索学习，学生也能用不同的符号系统或语言表达方式分享自己的想法，从而呈现更加丰富多彩的观点。综上所述，将艺术元素融入评价方式，并结合各种语言表达方式，提供了更全面、更人性化的评价视角，让我们能够深入了解学生的各个方面。

思考

1. 为什么要将创造性学习过程记录下来？这有哪些好处？
2. 在使用各种评价工具时，如何进行详细记录？
3. 为什么提倡教师和学生一起查看学习情况记录？

附录A

从费思·林戈德的《沥青海滩》中探索插画艺术

问题

让学生思考以下问题：

- 戏剧艺术家在运用想象力和戏剧技巧进行创造性探索时会发生什么？
- 我们如何通过观赏插画艺术来理解社会叙事和历史？
- 艺术形式是如何启发艺术创作的？为什么艺术家要遵循传统或打破常规？艺术家如何判断探索艺术需要什么样的资源和标准？

理解

学生需要明白：

- 戏剧性探索可以锻炼直觉、激发想象力和创造性思维
- 插画艺术可以讲述故事，塑造社会和政治叙事，带来变化
- 艺术能把观念转换成新的符号系统和多模态话语

探索插画艺术

让学生仔细观赏费思·林戈德的插画集《沥青海滩》。林戈德首先创作了一个故事被子，随后进行了再创作，并将该画作用于《沥青海滩》的插图。美国古根海姆博物馆官方网站上可以看到这幅画。让学生运用视觉思维讨论这幅画。尝试用以下问题启发学生思考：

- 这幅画画了什么？
- 你这样说是因为看到了什么？
- 你还有其他发现吗？

在观赏和探索的过程中，让学生做笔记，关注视觉艺术元素（线条、形状、颜色、形体、纹理、明度、空间）和设计原则（平衡、运动、重复、比例、强调、对比、统一、多样性）是如何传递意义的。

讨论

借助问题来反思过程、促进思考：

- 观赏画作的过程是如何影响你的分析的？
- 林戈尔德想用这幅画传递什么观点？
- 符号体系是如何传递意义的？

与学生一起探讨，这些元素和原则暗示了什么？

- 告诉学生艺术家是如何把插画和行为艺术相结合的。诺曼·洛克威博物馆教育家玛丽·伯利（Mary Berle）说："插画是公开的图像，意义深远。"
- 插画艺术可以讲故事。它反映并塑造了文化叙事

- 插画艺术能够引发探讨，引起反思和促进行动
- 插画艺术可以用于历史教学；看图画可以帮助我们理解历史。图画中缺失的东西和图画中已有的东西同样重要
- 受历史和经验的影响，插画师也会不断进步

接下来，让学生圈出头脑风暴中有用的词语和词组，用这些词语和词组写几句话来描述自己对这幅画的所思所感。让学生以小组为单位讨论自己写下来的句子，整合小组成员的观点，创作一首诗或是思想拼贴画。告诉学生他们的想法将会是设计戏剧片段的原材料。

设计戏剧表演

向学生介绍课堂戏剧表演，并且告诉他们课堂戏剧表演不需要导演和剧作家，和传统的戏剧不一样。在表演中，创作者也是演员，创作作品的过程和作品本身一样重要。让学生根据思想拼贴画创作戏剧表演。

复习戏剧的元素（角色、张力、时间、对白、背景、空间），让小组同学结合所选元素进行艺术选择。让他们在表演中体现以下要素：

- 运用静态画面——在表演的开始和结尾使用静态画面
- 用声音让文字“活”过来
- 加入动作或加入集体诗歌朗诵

给学生发评价量表，对其学习情况进行评价。

> 艺术是历史教学的重要工具，具有意想不到的效果。照片、素描和油画都能传递丰富的历史信息。学生可以通过分析艺术作品来帮助自己更深入地挖掘某位艺术家的思想和选择。
>
> ——罗恩 · 利茨（Ron Litz）

让学生在同学面前进行表演，阐述他们的想法、所做的艺术选择以及他们对故事被子的解读。让学生用评价量表进行自评和互评。学生可以根据他人的反馈完善自己的作品。

如果学生对自己的作品感到满意，教师就要创造机会让学生分享自己的作品。把学生的艺术作品保存下来，并且对学生的课堂展示进行记录。完成评价量表并进行总结。

设计故事被子

观赏《沥青海滩》，让学生从行为艺术的视角来探讨这本书。

- 这本书讲了什么故事？
- 书中反映或塑造的主题是什么？
- 这本书可以引发什么讨论？

向学生介绍一部能够反映社会和政治主题的插画作品，如清水裕子（Yuko Shimizu）的《捍卫民主》（*Defend Democracy*）。如果这属于故事被子，那么你要给它添加什么样的描述？

最后，让学生创作属于自己的故事被子，不仅要画出来，还要解释各个故事之间的关系。和学生分享故事被子的相关问题，引导他们进行创作。

让学生分享自己的作品并针对以下问题进行讨论。让学生用视觉艺术词汇（视觉艺术元素和设计原则）分享他们的艺术选择。

- 你如何用图画（插画或拼贴画）展示你的思考？
- 你如何阐释每个故事之间的关联？

附录B

《沥青海滩》单元教学计划表

这个记录表是单元教学计划的一部分，该表记录了学生的复习过程。

学情记录表

课程标准（明确的目标）	具体学习目标（评价标准）	记录方法（学习任务）
视觉艺术标准 艺术史与文化语境 学生将描述社会、政治和经济因素如何影响艺术创作	● 从视觉艺术元素（线条、形状、颜色、形体、纹理、明度、空间）的角度观察、分析插图 ● 运用设计原则（平衡、运动、重复、比例、强调、对比、统一、多样性）分析构图意义 ● 解读林戈德艺术作品与行为艺术之间的关系 ● 探讨影响林戈德艺术创作的社会、政治和经济因素，如种族主义和歧视	列一个想法清单（形成性评价） 在观察中记录学习过程 设计表演作品（总结性评价） 讨论（形成性评价和总结性评价） • 艺术家如何运用设计元素来讲述故事? • 艺术家如何运用设计原则? • 你在这张图片中看到了什么? 林戈德如何推动当时的“社会叙事”?

（续表）

课程标准（明确的目标）	具体学习目标（评价标准）	记录方法（学习任务）
学生将从艺术作品、原始资料和二手资料中获取有关弗吉尼亚州和美国重要历史事件的信息，进而分析历史背景、地理环境、社会经济状况，并在学习过程中培养自身的公民意识	● 根据原始资料确定艺术作品的主题（如当时的图片） ● 艺术家的创作选择反映了什么历史背景，例如打破刻板印象，对非裔美国人生活的美好描绘，以及对坚强英勇的黑人女性的描绘 ● 艺术传递的主题和信息，如想象力 ●《沥青海滩》如何运用象征主义——如“凯西的飞行”——代表无限的想象和超越	列一个想法清单（形成性评价） 设计表演作品（总结性评价） 讨论（形成性评价和总结性评价） • 在民权运动期间，《沥青海滩》如何呈现不同的视角? • 这位艺术家创作的故事被子是如何促进行为艺术的?

附录C

单元教学计划表

课程标准	具体学习目标（评价标准）	记录方法（形成性评价和总结性任务）